골프 스윙 기본기

100명 이상의 티칭 프로들이 가르쳐 준 기본기 총정리

골린이부터 프로까지

골프 스윙 기본기

혼자서도 잘해요

김동주 지음

좋은땅

총정리하면서

이 책의 저자는 늦은 나이에 골프를 시작한 아마추어다. 골프를 잘하고 스윙 이론을 많이 알아 이 글을 쓴 것이 아니다. 10년에 걸쳐 100명이 넘는 유명한 프로 골퍼들이 가르쳐 주는 주옥같은 TV 레슨을 꾸준히 시청하고 취합해 총정리한 도서다. KPGA, KLPGA, PGA, LPGA, 프로들 경기를 시청하며 해설자들이 알려 주는 골프 스윙 메커니즘과 코스 매니지먼트, 스윙 테크닉을 정리했고 경험하고 터득한 스윙 기본기, 샷 실수를 덜 하는 방법, 스크린 골프 요령을 정리해 함께 실었다.

필자가 필요해 정리를 시작한 것이지만 독학 골퍼들과 공유하면 좋겠다는 주위 분들의 권유로 출간했다. 골프를 시작한 골린이부터 보기 플레이어, 싱글 플레이어, 프로 골퍼까지 모든 골퍼들에게 지침서로 권하고 싶다.

여러 권의 도서를 저술한 경험을 살려 수많은 프로 골퍼들의 TV 레슨 내용을 정리해 바쁜 일상 속에서 시간에 쫓겨 레슨을 받지 못하고 영상도 볼 시간이 없는 독학 골퍼들을 대신해 정리한다는 마음으로 30개월 넘는 시간에 걸쳐 수백 번 고치고 다듬는 정성을 들여 글을 썼다.

중요한 스윙 기본기는 챕터를 바꿔 여러 번 반복해 실었고 반드시 익혀야 할 중요한 기본기는 간추려 뒷면에 한 번 더 덧붙였다. 또한 구력이 되는 골퍼들은 책의 목차만 봐도 도움이 될 수 있도록 신경 썼다. 하지만 아무리 이론을 꿰뚫어도 기본기를 제대로 익히지 못하면 어려운 것이 골프다. 골프 도서나 동영상을 수백 번을 읽고 본다고 해도 내게 맞는 올바른 연습과 깨달음이 없다면 골프를 잘할 수 없다는 필자의 생각이다.

이 책을 통하여 지금까지 함께 연습하고 함께 라운드 한 모든 분들과 의정부시 가능골프랜드 연습장을 제공해 주신 장유식 대표님을 비롯해 이남철 관리장님 외 관계자 모든 분들께 감사함을 전합니다.

2026년 1월 10일

글쓴이 김 동 주

목차

제2장 스윙 메커니즘과 여러 가지 샷

제3장 한 동작으로 이어지는 스윙 프로세스

제4장 실수를 줄이고 이기는 골프를 하라

제5장 클럽별 스윙과 캐리 거리 비거리

제6장 이해하고 익혀야 할 7가지 과제

제7장 스크린 골프를 잘하는 요령

[붙임]

제1장

가장 중요한 기본기

골프 스윙은 그립을 가볍게 잡고 손 팔 상체에 힘 빼고 몸의 중심축을 잡고 상하체를 꽈 백스윙, 왼발로 체중이동하며 몸통 꼬임을 풀고 클럽을 던져 정타를 치는 샷은 가장 중요한 기본기다. 샷은 부드럽고 간결해야 정타가 되고 멀리 똑바로 간다. 이것은 골프 스윙의 진리다.

실수는 쉽고 성공은 어려운 골프를 잘하려면 먼저 골프 스윙 메커니즘을 알고 ▲ 그립을 가볍게 잡고 ▲ 손 팔 어깨에 힘을 빼고 골반을 뒤로 빼고 허리를 숙여 우측 어깨를 살짝 내려 신중히 셋업 ▲ 몸의 반동을 이용 헤드페이스가 공을 보고 테이크백 ▲ 코킹과 힌징하며 왼팔을 밀며 왼손 닫고 오른팔을 당기고 오른손 열며 클럽을 등 뒤로 넘겨 오른팔을 접는 백스윙 ▲ 탑에서 힘 빼고 왼발로 체중이동, 왼다리를 잡고 척추 숙임을 유지하고 골반 몸통을 타깃 방향으로 밀고 돌며 오른손 닫고 왼손 열며 헤드페이스 중앙에 공을 똑바로 맞히는 다운스윙 임팩트

▲ 타깃을 보며 팔을 뻗는 릴리즈, 팔로스루, 클럽을 왼쪽 어깨 뒤로 넘기는 피니시는 중요한 기본기다. 스윙은 공을 치는 기본 틀이고 샷은 공을 치는 기술로 이해하면 된다.

모든 골퍼들이 반드시 알아야 할 것은 골프 스윙 메커니즘(작용 원리 기술), 즉 공이 어떤 힘, 작용, 기술, 원리에 의하여 날아가고 높게 낮게 뜨고, 오른쪽, 왼쪽으로 가는 이유가 무엇인지 꾸준한 연습을 통하여 깨닫고 정타를 치는 기본기를 익히는 것이 골프를 잘하는 비결이다. 좋은 골프 스윙은 욕심을 버리고 샷에 집중하고 침착할 때 만들어진다. 골프는 욕심 때문에 망치고 소심해서 실수한다. 실수를 덜 하려면 스윙 메커니즘을 알고 기본기를 익히고 응용할 줄 아는 영리한 골프를 해야 한다. 골프를 시작한 골린이는 물론 보기 플레이어, 싱글 플레이어, 프로 골퍼 모두에게 해당한다.

1. 중요한 셋업 기본기

셋업부터 힘 빼고 확실하게

손, 손목, 팔, 어깨에 힘을 빼고 가급적 뉴트럴 그립을 잡고 두 팔을 자연스럽게 늘어뜨려 셋업 하라. 목표 방향과 공과 헤드페이스를 일자로 맞추고, 골반과 어깨를 정렬하고, 척추를 숙이고 앞발바닥에 힘을 주고 가슴으로 공을 보고, 오른쪽 어깨를 살짝 열고 기울여 숨을 크게 휴~ 내쉬고 팔을 늘어뜨려 왼손 엄지 검지에 힘을 빼고 나머지 세 손가락에 힘을 주고 그립을 잡고 공과 거리를 맞춰 샷에 맞는 스탠스, 상황에 맞게 셋업부터 확실하게 하라.

▲ 스탠스에는 페이드나 슬라이스를 유도하는 오픈 스탠스, 드로우나 훅을 유도하는 클로즈 스탠스, 똑바로 유도하는 스퀘어 스탠스가 있다.

▲ 왼손 엄지 검지에 힘을 빼고 나머지 세 손가락에 힘을 주고 뉴트럴 그립을 잡는다.

2. 백스윙 기본기

왼쪽 어깨를 떨어뜨리며 확실하게 백스윙

헤드를 똑바로 빼는 테이크어웨이, 몸의 중심축을 잡고 돌며 왼쪽 어깨를 떨어뜨리고 그립 쥔 왼손바닥을 누르며 오른손은 열고 왼손은 닫고 코킹과 힌징하고 양쪽 겨드랑을 붙이고 클럽 팔 몸통이 같이 돌며 헤드페이스가 45도 하늘을 보며 클럽을 등 뒤로 던져 오른팔을 접고 딸깍, 코킹 한 번 더하며 멈추고 힘이 빠진 것을 느끼고 오른발 밟고 확실하게 백스윙한다. 이때 오른쪽 겨드랑이 벌어지고 오른쪽 다리가 펴지고 회전이 덜 되면 안 된다.

▲ 백스윙 때 왼쪽 무릎이 오른쪽으로 따라오면 안 되며 버텨야 하고 무릎의 굽힘을 유지하고 오른쪽 다리를 축으로 왼쪽 어깨와 상체가 충분히 돌며 확실하게 백스윙하고 손과 어깨에 힘이 빠진 것을 느끼고 클럽을 던지면 관성에 의해 스윙 스피드가 빨라진다.

▲ 상체를 숙여 양팔을 가슴 앞에 모아 손목, 팔, 어깨에 힘 빼고 코어에 힘주고 골반을 뒤로 빼고 오른쪽 어깨를 살짝 내려 공 옆을 보며 왼손목을 살짝 코킹하고 그립을 부드럽게 잡고 두 팔을 늘어뜨려 셋업 한다.

중요한 셋업, 테이크어웨이, 테이크백

▲ 아이언 웨지샷은 핸드포워드 셋업, 핸드퍼스트 스윙, 왼발로 체중이동하며 앞 땅을 치는 느낌으로 눌러 치면 뒤땅과 탑핑을 방지한다. (드라이버 우드 제외)

▲ 헤드를 목표 방향으로 공 뒤에 놓고 몸의 무게중심은 발 앞쪽 두고 상체를 숙이고 두 팔을 늘어뜨려 셋업, 머리와 하체 고정, 시선은 공을 보고 클럽 헤드가 몸 뒤로 가지 않도록 테이크어웨이를 시작으로 그립 끝을 왼손바닥을 누르며 코킹하고 테이크백, 몸이 돌며 오른손은 열고 왼손은 닫고 클럽을 등 뒤로 던지는 백스윙

▲ 테이크백 시 드라이버는 헤드페이스가 정면을 보는

것이 좋고 아이언은 헤드페이스가 지면을 보는 것이 좋다. 백스윙 시 드라이버는 오른쪽 팔꿈치가 지면을 보면 좋고 아이언은 팔꿈치가 살짝 들리는 것이 좋다.

▲ 몸의 반동을 이용, 어깨와 가슴을 충분히 열어주는 백스윙은 중요하다. 어깨 회전이 덜되면 팔로만 하는 미스샷이 된다. 대체로 인아웃 스윙은 드로우 구질로 탄도가 낮고 런이 많고, 아웃인 스윙은 훅 또는 슬라이스로 미스샷이 된다.

▲ 그립을 손가락으로 잡고 셋업 해야 부드럽고 간결한 스윙으로 스윙 스피드가 빨라진다.

▲ 아이언 웨지샷은 힘 빼고 헤드를 떨어트리는 크고 작은 똑딱이 스윙 연습을 많이 한다.

3. 다운스윙 기본기

오른쪽 어깨를 떨어뜨리며 부드럽게 다운스윙

백스윙 탑에서 힘이 빠진 것을 느끼며 코킹을 확인하고 다운스윙을 시작하라. 척추각을 유지해 머리를 공 뒤에 두고 몸의 중심을 잡고 골반 몸통을 타깃 방향으로 살짝 밀고 돌며 양쪽 겨드랑을 붙이고 손목각을 유지해 왼팔 왼손을 왼쪽 허벅지까지 끌고 내려오는 다운스윙을 시작으로 오른손은 닫고 왼손은 열며 척추를 숙이고 회전하며 오른쪽 어깨를 떨어뜨리며 부드럽고 간결한 리듬으로 다운스윙 한다. 이때 스윙이 급하고 오른쪽 무릎이 튀어나오고 일어서며 배치기를 하면 안 된다.

• 중요한 다운스윙 기본기

1) 골반 몸통을 타깃 방향으로 살짝 밀고 돌며 왼발을 딛고 왼팔 왼손을 왼쪽 허벅지까지 끌고 내려오는 래깅과 부드럽고 간결한 리듬으로 다운스윙 임팩트 한다.

2) 스윙아크를 상상하며 클럽을 던져라. 오른팔만 강하고 빠르면 뒤땅, 탑볼이 된다. 왼팔로 클럽을 당기고 오른팔을 뻗어 정타를 치는 임팩트에 집중하라.

3) 임팩트 구간(오른쪽 허리에서 왼쪽 허리)에서 손목에 힘 빼고 코킹을 지렛대로 이용해 공을 낚아채라.

4) 돌을 던지듯 어깨높이에서 시원하게 헤드를 던져 헤드페이스 중앙에 공을 맞혀라.

5) 스윙의 정석

- 골프는 골반 회전이 매우 중요한 테크닉
- 아웃인으로 엎어 치는 다운스윙은 나쁜 스윙
- 백스윙 다운스윙 스피드가 같으면 좋은 스윙
- 백스윙 탑에서 딸깍, 코킹 한 번 더 하고 힘 빠진 것을 느끼며 다운스윙을 하면 좋은 스윙
- 몸이 돌며 척추각 유지하고 백스윙, 몸이 돌며 타깃 방향으로 시원하게 헤드를 던지는 다운스윙

클럽을 시원하게 던지고 잡지 말고 놓아줘라

허리를 숙이고 공을 보고 몸통, 팔, 클럽이 같이 돌고 왼발을 누르며 딛고 팔과 상체에 힘 빼고 오른쪽 어깨를 떨어뜨리고 왼손은 열고 오른손은 닫고 접었던 오른팔을 힘 있게 뻗고 자신 있게 클럽을 던져 임팩트하고 왼팔을 멀리 뻗는 팔로스루 하라. 이때 허리를 숙이고 공을 보고 임팩트에 집중해 정타를 쳐라. 쥐불놀이를 생각해 보자. 불을 담은 통을 나무막대기 또는 쇠막대기 끝에 매단 것과 부드러운 끈에 매단 것을 각각 돌리면 어느 것이 더 부드럽고 빠르게 돌까? 부드러운 끈에 매단 것이다. 이처럼 손, 팔, 어깨에 힘을 빼고 몸이 돌며 접었던 오른팔을 뻗어 클럽을 시원하게 던지고 잡지 말고 놓아주면 날아가는 헤드의 관성과 구심력과 원심력에 의하여 더 빠른 스윙 스피드가 나온다. 골퍼는 스윙 메커니즘을 깨닫고 쥐불놀이를 상상하고 몸이 돌며 두 팔에 힘 빼고 부드럽게 클럽을 빵 던져 임팩트, 헤드페이스 중앙에 공을 갖히면 똑바로 멀리 간다. 샷 환경이 좋으면 큰 원을 그리며 풀샷을 하고 샷 환경이 나쁘면 임팩트에 집중해 펀치

샷을 한다.

왼발을 밟고 정타에 집중해 다운스윙하라

왼발을 밟고 다운스윙하며 정타를 쳐라. 골프 스윙은 군더더기 없이 자연스럽게 몸이 돌고 테이크어웨이 테이크백, 코킹과 힌징하며 클럽을 등 뒤로 던지며 오른팔을 감아 접는 백스윙, 백스윙 탑에서 딸깍, 코킹 한 번 더 하고 힘이 빠진 것을 느끼며 멈춘다. 골반 몸통을 타깃 방향으로 살짝 밀고 돌며 왼발을 딛고 누르며 오른쪽 팔꿈치를 옆구리에 붙이고 척추를 숙이고 오른쪽 어깨를 떨어뜨리며 임팩트 구간에서 오른팔을 뻗어 왼발을 밟고 정타에 집중해 다운스윙 하면 뒤땅과 탑핑이 없는 좋은 다운스윙이 된다. 다만 드라이버와 아이언 릴리즈 포인트는 다소 다르다. 드라이버는 아이언보다 조금 일찍 오른쪽에서 완만하게 릴리즈 하는 것이 좋고 아이언은 드라이버보다 조금 늦게 몸 앞쪽에서 가파르게 릴리즈 하는 것이 좋다.

• **샷을 준비하는 루틴**

가슴 앞에 양팔을 떨어뜨려 그립을 잡고 두 팔을 모아 몸통을 좌우로 흔들며 팔뚝을 좌우로 돌리며 팔과 상체에 힘 빼고 클럽을 등 뒤로 던지는 백스윙, 왼발로 체중이동, 몸통회전하며 정타에 집중하는 샷 연습을 두세 번 하고 샷 하는 루틴을 갖는다.

• **뒤땅과 탑핑이 없는 샷**

드라이버 티샷을 제외한 땅에 있는 공을 칠 때는 일관된 리듬으로 공을 내려쳐라. 몸이 상하로 움직이면 안 되고, 왼손 그립이 느슨해지고 오른손이 강하면 안 되며 임팩트 때 공을 끝까지 주시하고 왼발로 체중이동하고 왼발 앞꿈치를 누르며 눌러 치고 손목이 빨리 풀리는 캐스팅을 하면 안 되며 공 앞의 땅을 친다는 생각을 하고 백스윙 탑에서 멈추고 힘을 빼 헤드를 떨어뜨리는 바이킹 타법의 V자형 다운블로우 샷을 한다.

• **깊은 러프에 잠겼을 때 탈출 요령**

가급적 짧고 열린 클럽으로 높게 들어 백스윙, 체중을 왼쪽으로 보내 가파르게 내려오는 다운스윙을 한다.
예) 5번 아이언보다 8번 아이언 선택

• 얕은 러프에 잠겼을 때 탈출 요령

평소 좋아하는 클럽을 이용해 부드러운 몸통회전으로 하며 눌러 치는 샷을 한다.

• 러프에 떠 있을 때 탈출 요령

한 클럽 짧게 잡고 공은 중앙, 공 앞을 친다는 생각으로 쓸어 치는 느낌의 샷을 한다.
예) 7번 아이언보다 8번, 우드보다 유틸을 선택

• 앞바람이 불 때 낮은 탄도 샷 요령

낮은 탄도의 샷을 할 때는 한 클럽 크게 그립을 짧게 잡고 공은 우측, 헤드페이스를 조금 닫고 오른손바닥으로 지면을 쓸고 나간다는 느낌으로 3/4 펀치샷을 한다.

• 공을 띄우는 요령

짧은 거리 어프로치 할 때 공을 띄우려면 공 위치는 왼발 뒤꿈치 앞, 양손은 공 뒤, 클럽의 솔 부분을 지면에 붙이고, 그립을 잡은 양손은 공 오른쪽, 클럽헤드를 필요한 만큼 열고 셋업하고 오른손바닥을 열며 백스윙하고 헤드 페이스가 하늘을 보는 팔로스루, 피니시를 높게 하면 공은 높게 뜬다. 공 뒤에서 그립을 잡고 체중이동 없이 헤드 무게를 이용해 바운스로 쓸어 치면 공이 잘 뜬다. 공을 높게 띄우면 캐리 거리와 런 거리가 줄고 비거리가 많이 짧아진다는 점을 알고 샷을 한다.

• 앞 핀일 경우 샷 하는 요령

왼발과 몸통을 왼쪽으로 살짝 열고, 보내려는 탄도로 헤드를 열고 타깃 방향에 맞게 셋업, 로브 샷으로 공을 띄워 거리를 맞추거나 범프앤런 샷으로 거리를 조절한다. 공을 높게 띄우면 캐리 거리가 런보다 적어 비거리가 짧아지는 것을 참고한다.

4. 부드럽고 힘 있는 골프 스윙 따라하기

아마추어 초중급자들이 샷을 할 때 반드시 잊지 말아야 할 점은 비거리에 집착하지 말고 안전성과 정확성 위주로 부드럽고 힘 있는 스윙이 최고의 솔루션이다. 샷이 미숙한 초보 골퍼들은 비거리를 더 보내려고 강하고 급한 스윙을 하다 미스샷이 된다. 공 놓인 자리에 따라 어떤 클럽으로 어떤 샷을 할 것인지 안전성 위주로 클럽을 선택하고 간결하고 부드럽게 스윙하는 것은 매우 중요한 기본기다. 과한 스윙 동작을 해서는 안 된다.

백스윙과 다운스윙의 핵심 기본기

팔과 상체에 힘 빼고 왼쪽 어깨를 떨어뜨리며 그립 끝을 왼손바닥으로 누르고 밀며 코킹하고 오른팔은 당겨 접는 간결한 백스윙과 타깃 방향으로 골반을 밀고 몸통이 돌며 왼팔은 당기고 공을 향해 오른팔은 빠르고 힘 있게 뻗어 정타를 쳐라. 정타를 치려면 샷 방법에 맞게 이상적으로 몸통회전하며 백스윙하고 왼발을 딛고 누르며 몸통, 팔, 클럽이 같이 빠르게 돌며 배꼽 아래에 공을 두고 아래팔을 뻗고 클럽을 빠르고 힘 있게 던져 정타를 친다.

백스윙의 핵심은 왼쪽 어깨를 떨어뜨리고 그립 끝을 왼손바닥으로 누르며 코킹하고 클럽을 등 뒤로 넘기고 멈춰 힘 빼는 것이고, 다운스윙의 핵심은 양쪽 겨드랑을 붙이고 래깅 릴리즈하고 확실하게 왼발로 체중이동, 왼발을 딛고 누르며 오른쪽 어깨를 떨어뜨리며 접었던 오른팔을 빠르게 뻗어 힘 있게 정타를 치는 것이다.

필요한 기본기를 알고 익혀라

골퍼들은 열심히 연습한다고 하지만 10년, 20년의 세월이 지나도 별 진전이 없는 이유가 뭘까? 나에게 필요한 기본기가 무엇인지 알지 못하고 비거리에만 집착한 연습을 하기 때문이다. 골프를 잘하려면 먼저 스윙 메커니즘을 깨닫고 내가 잘하고 못하는 것이 무엇인지 알고 내게 무엇이 더 중요하고 필요한지 깨닫고 연습을 하라.

1) 골반을 빼고 척추를 숙이고 앞 발바닥에 체중을 싣고 팔과 어깨에 힘 빼고 늘어뜨려 뉴트럴 그립을 잡고 셋업하기
2) 그립 잡은 왼손바닥을 누르며 코킹하고 오른팔을 감아 접고 클럽을 등 뒤로 넘겨 쟁반 받쳐 들듯 부드럽게 백스윙하고 왼쪽 골반 몸통을 타깃 방향으로 살짝 밀며 회전, 오른쪽 어깨를 떨어뜨리고 왼발을 딛고 손목 로테이션을 통하여 헤드를 던져 임팩트 연습
3) 스윙아크를 그리며 왼팔은 당기고 오른팔은 뻗어 힘 빼고 클럽을 부드럽고 헐렁하게 던지는 헐랭이샷 연습
4) 척추각을 유지, 몸통회전하며 돌을 던지듯 클럽을 시원하게 던지고 잡지 말고 놓아주는 다운스윙 연습
5) 확실하게 코킹하는 백스윙과 올바른 스윙 궤도를 그리며 클럽을 부드럽게 던지는 아이언샷 웨지샷 연습
6) 백스윙과 다운스윙 팔로스루 크기를 1:1 비율로 하는 일관된 템포의 똑딱 어프로치 연습

7) 헤드 무게를 느끼며 다운블로우, 헤드 바닥으로 공 밑을 쓸고 나가며 정타를 치는 유틸 우드샷 연습

8) 그립 쥔 왼손을 누르며 테이크백 코킹하는 백스윙과 양어깨가 돌며 왼쪽 골반을 타깃 방향으로 빠르게 밀며 그립 끝이 직선이 아닌 아치를 그리며 임팩트 하면 힘 빼고 툭 쳐도 공이 멀리 가는 드라이버 티샷 연습

9) 퍼팅 그립은 견고히 잡고 셋업, 내리막은 부드럽게 오르막은 강하게 때리는 강약의 퍼팅연습

10) 레이디 시니어는 숏게임 어프로치, 퍼팅, 정타를 치는 연습을 집중적으로 하라.

제2장

스윙 메커니즘과 여러 가지 샷

골프 스윙 메커니즘은 머리로만 이해하면 안 된다. 올바른 스윙 연습을 통하여 몸으로 느끼고 익혀야 한다. 공을 멀리 보내는 스윙 연습도 중요하지만 똑바로 정확하게 보내는 연습이 더 중요하고 숏게임, 퍼팅을 잘하는 것은 더없이 중요하다. 스윙 연습을 통하여 스윙 메커니즘(작용 원리 기술)을 깨닫는 것이 골프를 잘하는 방법이다. 손목, 팔, 어깨에 힘 빼고 헤드 무게를 느끼며 몸이 돌며 클럽을 휘둘러 공을 정타를 맞히는 스윙 기본기를 몸에 익히고 언제 어떤 샷을 어떻게 해야 할지 스윙 메커니즘을 아는 것이 잘하는 골프 방법이다.

1. 골프 스윙 메커니즘 이해

골프는 체력보다 기술, 기술보다 전략이 중요하다. 골프는 샷의 정확성과 전략이 문제다. 내게 맞는 장비, 올바른 셋업, 욕심 없는 안정된 스윙을 통하여 일전한 비거리를 갖는 것이 관건이다. 특히 힘과 유연성이 떨어지는 아마추어 레이디 시니어는 일관된 샷으로 일정한 탄도, 방향성, 거리를 보내는 샷을 해야 한다.

먼저 웨글로 힘 빼고 긴장을 푼다. 스윙하기 전 경직된 근육을 풀기 위한 손목 팔 어깨를 움직이는 웨글로 팔과 상체에 힘을 뺀다. 공을 멀리 보내려고 힘이 들어간 강한 스윙을 하면 근육이 경직되고 양팔, 어깨, 상체가 뻣뻣해져 다양한 미스샷이 나온다. 그립을 가볍게 잡고 팔과 어깨에 힘을 빼고 긴장감을 풀어 헤드 무게를 느끼며 일관된 리듬템포로 부드럽고 간결한 스윙을 하는 것이 기본기이고 조건이다.

1) 미스 샷의 원인은 공을 더 멀리 보내려는 욕심 때문에 마음이 불안해져 샷이 급해지고 팔과 몸에 힘이 들어가 뻣뻣해져 백스윙과 다운스윙이 덜 되고 얼리 익스테이션이 되어 뒤땅, 탑핑 등 다양한 미스 샷이 나온다.

2) 샷이든 퍼팅이든 중요한 것은 그립을 가볍게 잡고 에이밍 하고 올바른 어드레스 정렬을 하는 것이 좋은 샷의 첫째 조건이다. 공이 멀리 가도 타깃과 멀어지면 실패한 샷이다. 셋업을 할 때는 클럽 로프트각, 라이각과 클럽의 생긴 모양을 이해하고 가급적 생긴 대로 셋업 한다. 공이 놓인 자리가 나쁘면 클럽 선택을 신중히 하고 헤드페이스를 필요한 만큼 열거나 닫거나 누이거나 세워 타깃과 공과 클럽페이스를 일자로 맞추고 셋업 한다. 그립을 가볍게 잡고, 아이언은 조금 일찍, 드라이버는 조금 늦게 코킹과 힌징 한다. 공이 놓인 자리에 따라 셋업과 샷을 다르게 하고 공이 떨어지는 곳에 따라 공이 구르는 거리와 바운딩 방향이 바뀌는 점도 고려해 셋업과 샷을 다르게 하는 것은 중요하다.

3) 리스크는 생각하지 않고 비거리를 더 내려고 강한 샷

을 하면 뒤땅이나 탑핑, 방향과 거리가 일정치 않아 실수를 한다. 특히 초중급자는 공을 멀리 보내지 못해도 페어웨이를 지키는 안전성 위주로 클럽을 선택하고 부드럽고 간결한 스윙을 하는 것이 좋은 전략이다. 트러블 상황에서 샷을 할 때는 더욱 그렇게 해야 한다. 골프는 실수를 관리하는 게임이다. 실수를 덜 하려면 스윙 메커니즘을 깨닫고 비거리 유혹을 버리고 자신 있는 클럽을 선택하여 아이큐가 높은 영리한 골프를 해야 하고 올바른 코스 매니지먼트를 해야 한다.

4) 상체 회전과 그립을 쥔 양손은 클럽과 샷 방법, 거리에 따라 회전량과 스윙 크기가 달라야 한다. 상체와 양손의 회전이 덜 되거나 더 되면 공이 날아가는 방향이 잘못된다. 초보 골퍼는 백스윙이 되다 마는 경우가 많아 다양한 실수를 한다. 상체의 백회전량, 백스윙 시 양손 높이, 스윙아크 크기, 스윙 스피드 등에 따라 거리와 방향은 달라진다. 드라이버를 포함 긴 클럽일수록 상체 회전이 잘 되어야 한다.

아이언 & 웨지 여러 가지 샷

아이언은 가슴 앞에 양팔을 모아, 체중 왼쪽 60%, 척추를 숙이고 발 앞꿈치에 체중을 싣고 핸드포워드 셋업, 헤드 페이스가 공을 보며 양손을 외회전하며 클럽을 등 뒤로 던지는 백스윙을 한다. 아이언은 드라이버보다 얼리 코킹과 힌징하며 백스윙, 그립을 가볍게 잡고 들어 올렸던 클럽헤드를 떨어뜨리는 진자운동의 다운블로우로 헤드 페이스 중앙에 공을 똑바로 맞힌다. 백스윙 탑에서 멈추고 힘 빼고 힘을 모았다면 헤드 무게를 느끼며 빠르게 공을 낚아챈다. 아이언 웨지는 코킹과 힌징을 하고 찰랑찰랑 헤드를 잘 떨어뜨리는 크고 작은 똑딱이 스윙 연습을 통하여 샷 감각을 익혀라. 코킹이 덜되고 헤드를 잘 떨어뜨리지 못하면 좋은 샷이 될 수 없다.

오른발 왼발 스텝을 밟고 체중이동을 살짝살짝 하며 왼쪽 골반과 왼쪽 어깨를 왼쪽 벽에 붙인다는 생각으로 이동하며 회전한다. 공은 중앙이나 왼쪽, 핸드퍼스트 하고 공 앞을 최저점으로 공 앞에 디보트를 만든다는 생각으로 허리를 숙이고 공을 보며 클럽을 던져 헤드페이스로 공을 누르며 회전하는 다운스윙을 한다.

▲ 땅에 있는 공을 칠 때는 왼다리를 잡고 축으로 해 체중이 오른발에 남지 않도록 왼발에 싣고 헤드를 공 앞에 낮게 떨어뜨려 디보트를 만드는 다운스윙을 하라.

▲ 아이언과 웨지샷은 핸드포워드 셋업을 하고 허리를 숙이고 공을 보며 공을 눌러 치면 디보트를 만들고 공을 똑바로 보낼 수 있다. 핸드포워드는 코킹과 힌징을 돕고, 탄도개선, 눌러 치는 효과를 보고, 뒤땅과 탑핑이 없는 임팩트를 하게 된다.

• 페이드샷 기본 / 컷샷

공이 왼쪽으로 출발해 오른쪽으로 휘는 페이드샷을 하려면, 양어깨 수평, 오픈 스탠스, 헤드페이스 스퀘어, 티는 조금 낮게, 공 위치는 평소보다 왼쪽, 오른쪽 어깨를 왼쪽 어깨보다 조금 앞, 뉴트럴 그립을 잡고 셋업, 왼발을 잡고 오른쪽 골반을 열며 클럽을 2시 방향으로 높게 들어 회전 백스윙, 아웃인으로 페이스를 닫아 치는 다운스윙 임팩트, 조금 짧아지는 거리를 감안해 거리를 맞춘다. 즉 페이드샷은 왼쪽을 보고 셋업하고 12시 방향으로 똑바로 샷을 한다.

• **드로우샷 기본**

스탠스 조금 넓게, 오른발을 살짝 뺀 클로즈 스탠스, 티는 조금 높게, 오른쪽 어깨를 내려 훅 그립을 잡고 1시 방향 셋업, 11시 방향 클럽을 닫고 오른팔을 내려 스트롱 그립 잡기, 오른쪽 어깨를 열고 백스윙을 평소보다 더 하고 왼손등을 오른쪽으로 꺾는 보잉 동작으로 릴리즈를 조금 일찍 해 감아 치며 몸 앞에서 클럽헤드가 손보다 먼저 나가며 아이언은 인투인, 드라이버는 인투아웃 샷을 한다. 아이언 드로우샷 공 위치는 오른쪽이다.

그립을 강하게 잡고 상체와 팔에 힘이 들어간 팔로 끊어 치는 임팩트를 하면 비거리가 짧아지고, 상체와 팔에 힘 빼고 그립을 가볍게 쥐고 클럽을 간결하게 던지고 놔주는 임팩트, 양팔을 멀리 뻗는 팔로스루를 하면 거리가 더 간다. 퍼팅도 마찬가지다. 모든 샷은 반드시 손 팔 어깨에 힘 빼고 돌을 던지듯 양팔을 멀리 뻗어 헤드를 던지고 놓는 샷을 하면 비거리가 더 난다.

• **발끝 오르막 샷**

스탠스 조금 좁게, 골반을 뒤로 덜 빼고 평소보다 조금 뒤로 서서 셋업, 그립은 오르막 정도만큼 짧게 잡고 몸통 회전을 덜 하는 샷으로 거리를 맞춘다. 뒤땅과 훅을 조심, 풀스윙 자제하고 간결한 샷, 보낼 거리가 짧고 지면 높이가 덜 높으면 훅이 덜 나고 보낼 거리가 멀고 지면 높이가 높을수록 훅이 더 난다는 점을 감안해 에이임 포인트를 오른쪽 5~15m 정도로 한다.

• **발끝 내리막 샷**

발끝 오르막 반대 개념으로 생각한다. 스탠스 평소보다 넓게, 골반을 뒤로 빼고 상체를 많이 숙여 무게중심을 아래로 낮게 해 하체를 잡고, 내리막 정도에 따라 한 클럽 더 잡고, 척추를 더 숙이고 숙인 자세를 팔로스루까지 유지해 피니시 없는 펀치샷을 한다. 그립은 적당한 힘으로 잡고, 슬라이스와 탑핑 조심, 왼쪽으로 살짝 오조준하거나, 오른발 뒤를 살짝 빼고 헤드페이스 살짝 닫고 클럽을 똑바로 들어 공만 똑바로 맞힌다는 생각으로 거리를 멀리 보내려고 하지 말고 몸통회전을 덜 하는 샷을 한다.

• **왼발 내리막 샷**

왼발이 낮은 경사지는 왼발에 체중을 싣고 더 열린 클럽으로 거리 욕심 없이 샷을 한다. 척추를 숙여 왼쪽 에이밍, 클럽을 낮게 빼는 백스윙을 하면 절대로 안 되고 가파르게 L자로 들어 백스윙, 임팩트 시 오른발을 떼지 말고 몸을 숙인 채로 회전을 적게 하고 벌떡 일어서지 말고 헤드페이스 닫힘과 뒤땅, 탑핑 조심하고 지면과 어깨 평행 유지, 왼다리에 체중 70%, 왼쪽 무릎 굽힘 유지, 풀스윙을 자제하고 팔 위주로 스윙한다는 생각으로 몸통회전을 적게 하고 왼쪽 어깨가 올라가지 않도록 거리 욕심 없이 지면을 따라 정타에 집중한다.

• **왼발 오르막 샷**

공은 조금 오른쪽, 왼다리에 체중 70%, 왼무릎 굽힘 유지, 페이스 열림과 탑핑을 조심하고 체중은 왼쪽에 두고 유지해 왼다리로 오르막을 딛고 서는 피니시 없는 펀치 샷 느낌으로 스윙한다. 탄도가 높아 거리가 짧아지는 것을 감안한다. 모든 트러블 상황에서는 몸통회전을 작게 하고 간결하게 스윙한다.

• 벙커샷 / 디봇에서 샷

벙커샷 첫째 목표는 벙커 탈출, 둘째는 홀컵에 붙이는 것, 그린 벙커샷은 공 오른쪽, 페이스 많이 열고 그립을 잡고 양손을 오른쪽 무릎 앞에 두고 살짝 앉은 자세로 셋업, 페이스 열고 가파르게 들었다 몸이 돌며 바운스로 공 3~5cm 뒤땅을 의도적으로 쳐 모래를 얇게 떠내며 페이스가 하늘을 보는 팔로스루를 한다. 모래를 퍼내는 양에 따라 평소보다 2~4배 거리를 보내는 스윙 크기로 모래를 퍼내는 샷을 한다. 30m 이상의 벙커샷을 할 때는 평소 페어웨이에서 스윙하듯 공 밑 모래를 얇게 쓸고 나가 10~30m 더 보낸다는 생각으로 샷을 해 거리를 맞추고 디보트나 페어웨이 벙커에서는 10m 더 보낸다는 생각으로 샷을 한다.

• **범프 앤드 런 샷**(bump and run shot)

범프 앤드 런 샷은 포대 그린이나 경사진 그린에서 앞 핀일 때 공이 구르는 속도를 줄여 홀컵에 붙이고자 할 때 하는 샷이다. 공은 오른발 앞쪽, 체중 왼쪽, 그립은 짧게 헤드를 닫고 핸드퍼스트, 드로우 구질로 공을 낮은 탄도의 샷, 그린의 시작 지점인 턱에 떨어뜨려 그린에서 공이 굴러가는 속도를 줄여 홀컵에 붙이는 어프로치다. P웨지 9번 8번 아이언 등을 이용한다.

2. 드라이버 티샷 기본기

드라이버 티샷은 팔과 어깨에 힘 빼고 오른쪽 어깨를 낮추고 공 옆을 보며 가슴 앞에 두 팔을 삼각형으로 모아 그립을 잡고 헤드를 한 뼘 정도 우측에 놓고 명치가 우측을 보고 에이밍에 신경 쓰고 두 팔을 늘어뜨려 셋업, 스탠스는 어깨보다 조금 넓게(유연성 없는 골퍼는 다소 좁게) 한다.

스탠스가 좁고 공과 가깝게 서면 오른쪽 어깨가 앞으로 나와 클럽이 가파르게 내려오고 찍어 치게 된다. 체중 오른쪽, 공 왼발 뒤꿈치 앞, 티는 살짝 높은 것이 좋고, 양손과 머리는 공 우측, 타깃과 공과 페이스 일자로 정렬, 시선 1시 방향, 오른발 뒤로 빼고 오른쪽 어깨 낮춤, 양손에 힘 빼고 왼쪽 허벅지 앞에 두고 두 팔을 늘어뜨려 겨드랑을 붙이고 셋업, 오른쪽 어깨가 앞으로 나오면 안 되고 셋업시간이 길어지면 안 된다.

머리를 고정하고 공 옆을 보며 팔과 어깨에 힘 빼고 양어깨를 움직여 클럽헤드를 낮고 길게 일자로 빼는 테이크어웨이, 하체를 잡고 코어에 힘주고 오른쪽 다리를 축으로 클럽페이스가 공을 바라보며 테이크백, 왼쪽 등을 밀고 왼 어깨를 턱 밑으로 넣어 상체를 충분히 회전, 왼팔을 밀고 오른팔을 당기며 양손목을 외회전, 클럽을 둘러멘다는 생각으로 백스윙, 몸통회전하며 양손을 내회전하며 손목 스냅을 이용, 클럽을 던지는 다운스윙 임팩트, 팔로스루 한다. 특히 드라이버 티샷은 백스윙과 다운스윙 아크를 크고 완만하게 하는 인아웃 스윙을 한다.

드라이버 티샷 잘하는 방법

▲ 어깨너비 스탠스, 필요한 그립을 잡고, 핸드포워드 no, 머리는 공 뒤, 척추 숙이고 골반을 뒤로 빼고 공과 멀리 떨어져 선 느낌으로 오른쪽 어깨 팔에 힘 빼고 양팔을 늘어뜨려 가급적 뉴트럴 그립을 잡고 셋업

▲ 드라이버는 헤드페이스가 땅이 아닌 정면을 보며 백

스윙하고 골반이 돌고 몸통, 팔, 클럽이 같이 돌며 그립 끝이 공을 보며 다운스윙 한다.

▲ 몸통이 돌며 그립 잡은 왼손바닥을 누르며 코킹과 힌징하고 오른팔을 당겨 접고 쟁반을 받쳐 들듯 클럽을 받쳐 들고 5cm 더 크게 하는 백스윙, 그립 끝이 직선이 아닌 아치를 그리며 다운스윙을 하면 힘 빼고 툭 쳐도 헤드 스피드가 빨라지고 공이 멀리 간다.

▲ 왼쪽 골반이 돌고 몸통, 팔, 클럽이 같이 돌며 체중이동, 머리를 공 뒤에 두고 접은 오른쪽 팔꿈치를 옆구리에 붙이고 왼손을 왼쪽 무릎까지 내리는 래깅과 릴리즈, 왼손은 열고 오른손은 닫고 아래팔을 회전하며 클럽을 던지는 다운스윙을 한다.

▲ 코킹과 힌징을 풀어내는 손목의 힘, 오른팔을 접었다 힘 있게 뻗고 클럽을 던지는 힘, 지면반력과 체중이동 힘, 빠른 몸통회전의 힘이 더해져 비거리가 난다. 특히 하체를 잘 써야 비거리가 늘고 좋은 샷이 된다.

▲ 드라이브 티샷은 어퍼블로우(올려치는 각도)로 공을 쳐야 탄도가 높아지고 백스핀과 사이드스핀이 덜 걸려 비거리가 늘어난다.

3. 우드 유틸리티샷 기본기

엣지가 공 밑을 파고드는 우드 유틸샷

올바른 에이밍, 공 왼쪽, 양손은 공 뒤에, 머리는 공과 일자, 시선은 수평, 체중 왼쪽, 밸런스 50:50, 오른쪽 어깨를 살짝 내려 공을 보며 솔을 지면에 놓고 공 위치는 공 하나 왼쪽에 두고 셋업, 그립을 가볍게 잡고 양손은 공 뒤에 둔다. 가슴 앞에 두 팔을 Y자로 하고 스탠스는 어깨너비로 셋업, 이때 라이각이 커지면 공은 오른쪽으로 가는 슬라이스의 원인이 되고 라이각이 작아지면 공은 왼쪽으로 가는 훅의 원인이 된다. 골반을 뒤로 빼고 상체를 숙여 제자리서 회전하는 느낌으로 명치가 지면을 보고 헤드페이스가 공을 보며 테이크어웨이 백스윙, 공 밑을 가볍게 쓸고 나가는 다운스윙 릴리즈, 팔로스루 한다.

헤드페이스를 생긴 대로 열고 공을 보며 헤드를 일자로 빼는 테이크어웨이, 양쪽 겨드랑을 붙이고 가슴 앞에 양팔을 삼각형으로 유지해 상체를 꽈 양팔을 외회전하며 백스윙, 탑에서 멈추고 기다려 왼쪽으로 체중이동하며 다운스윙 시작 코어에 힘을 주고 명치를 구심점으로 원심력을 이용해 클럽을 뒤에서 완만하게 끌고 내려와 공 밑을 쓸고 나간다. 우드는 간결하게 끊어 치는 펀치샷만 잘해도 멀리 간다. 공을 띄우려고 조금이라도 올려치는 스윙이나 헤드업을 하면 탑핑이 된다. 드라이버 샷을 제외한 모든 샷은 공을 띄우려고 올려치면 안 되며 눌러 쳐야 한다.

- **유틸리티샷은 완만한 다운스윙**

유틸 공 위치는 왼쪽, 양어깨를 타깃과 평행, 양손은 공과 같게, 오른쪽 어깨를 떨어뜨리고 클럽의 라이각, 로프각을 살려 솔을 지면에 밀착시켜 셋업, 손 팔 어깨에 힘을 빼고 클럽을 쥔 양팔을 가슴 앞에서 삼각형을 만들어 손보다 헤드가 앞에 가도록 천천히 테이크어웨이, 상체를 꽈 오른팔을 접는 백스윙, 백스윙 탑에서 멈추고 힘 빼고 몸통회전, 헤드 엣지가 공 밑을 파고들며 넓은 헤드 바닥으로 공 밑의 지면을 쓸고 나가는 완만한 다운스윙으로 임팩트 한다. 유틸은 롱아이언을 대체한 클럽으로 힘이 부족한 시니어 레디 골퍼가 사용하기 좋게 만들어진 클럽이다.

우드 유틸 잘 치는 방법

▲ 척추를 숙이고 우측 어깨를 내려 클럽토우가 들리지 않도록 공 뒤에 놓고 왼쪽 어깨를 닫고 공은 중앙에서 공 하나 왼쪽, 핸드포워드 no, 체중 왼쪽 60%, 머리는 공 뒤에 두고 셋업

▲ 우드는 페이스가 좁아 정확성이 더 요구되는 클럽이다. 그립을 조금 짧게 잡고 헤드 바닥으로 공 밑을 쓸고 나가며 공을 정타로 맞히는 데 시선을 집중해 샷을 한다.

▲ 다운스윙하며 왼쪽 어깨가 올라가면 안 되며 왼발에 체중을 두고 머리와 시선 고정, 헤드 바닥으로 공 밑을 낮게 찍는 듯 힘 있게 눌러 치는 우드 유틸샷

▲ 공 위치는 중앙에서 공 하나 왼쪽, 낮고 길게 큰 아크

를 그리는 스윙, 하지만 공 놓인 자리가 나쁠 때는 우드를 포기하고 다른 클럽을 선택한다.

▲ 손목과 상체에 힘 빼고 양쪽 겨드랑을 붙이고 몸통회전하고 그립 끝이 공을 보며 특히 좁은 헤드페이스에 공을 정타로 맞히는 우드샷 임팩트에 집중하라.

▲ 공 위치 살짝 왼쪽에 놓고 두 팔을 늘어뜨려 셋업, 5cm 더 크게 하는 백스윙, 공 밑을 찍는 듯 쓸고 나가며 정타를 치는 크고 작은 우드 펀치샷 연습

4. 아이언샷 기본기

아이언을 잘 쳐야 그린적중률이 높고 타수를 줄일 수 있다. 아이언을 잘 치려면 에이밍을 올바로 하고 스탠스는 드라이버보다 좁게 선다. 공 위치는 클럽 샷 방법에 따라 정하고, 핸드포워드 셋업, 골반을 뒤로 빼고 척추를 숙여 가슴 앞에 양팔을 모으고, 양어깨를 수평으로 해 공을 보고 어드레스, 발 앞쪽에 힘을 싣고, 아이언은 드라이버보다 조금 빠른 코킹과 힌징이 좋고 충분히 회전하며 왼팔은 밀고 오른팔은 당겨 접는 백스윙, 탑에서 바이킹처럼 멈추고 힘 빼고, 오른손목 힌징을 유지해 래깅, 탄도는 높게 런은 적게 공 앞을 최저점으로 해 왼팔은 당기고 오른팔은 뻗고 공 앞을 최저점으로 해 허리를 숙이고 공을 눌러 치는 V자형 다운블로우로 임팩트 한다. 아이언샷은 허리를 숙이고 공을 보며 눌러 치는 것이 정석이다.

아이언 잘 치는 방법

▲ 양어깨 수평, 어깨너비로 스탠스, 골반 빼고 척추를 숙여 무게 중심 발 앞쪽, 타깃과 공과 페이스를 일자로 맞추고 체중 왼발, 핸드포워드하고 머리는 중앙 셋업

▲ 왼쪽 어깨를 밀고 그립 잡은 왼손바닥을 누르며 코킹과 힌징, 오른팔을 당겨 접고 백스윙 탑에서 딸깍 코킹 한 번 더 하며 멈추고 힘이 빠진 것을 느껴라.

▲ 왼발을 딛고 체중이동하며 골반, 몸통을 타깃 방향으로 밀고 돌며 돌을 던지듯 시원하게 클럽을 던져 공 앞의 땅을 치며 디봇을 내는 다운스윙을 한다.

▲ 왼발로 체중이동을 확실하게 하고 왼손을 왼쪽 무릎까지 끌고 오는 핸드퍼스트 래깅으로 뒤땅 탑핑이 없이 눌러 치는 임팩트에 집중하라.

▲ 어프로치는 공이 놓인 자리를 분석하고 클럽을 선택, 적합한 그립을 잡고 어떤 샷으로 어디에 공을 떨어트릴 것인지 랜딩 포인트를 잡고 어프로치 한다.

▲ 왼쪽 어깨를 떨어뜨리고 돌며 오른손 열고 왼손 닫고 백스윙, 오른쪽 어깨를 떨어뜨리고 돌며 오른손 닫고

왼손 열고 왼발에 체중을 싣고 부드럽게 다운스윙 하는 크고 작은 엘투엘 아이언샷 연습을 많이 하라.

5. 웨지샷 기본기

골프는 숏게임, 퍼팅을 잘하는 골퍼가 이긴다. 따라서 어프로치, 숏게임은 중요한 경쟁력이다. 어프로치는 그립을 가볍게 잡고 살짝 핸드포워드, 미간과 명치가 공 왼쪽에 있어야 하고 왼발을 살짝 뒤로 뺀 오픈 스탠스, 양쪽 무릎을 가까이 하고 살짝 자세를 낮춤, 체중이동을 덜하고 체중을 좌우로 7:3, 앞뒤로 6:4로 하여, 바운스 전면이 지면에 닫게 하고 공과 가까이 서 두 발을 좁히고 셋업, 가슴 앞에서 양팔을 소문자 y자형으로 하고 양쪽 겨드랑을 붙여 클럽페이스가 공을 보며 테이크어웨이 테이크백하고 왼손목을 조금 일찍 꺾는 코킹, 짧은 거리의 어프로치는 양쪽 겨드랑을 붙이고 작은 몸통회전의 간결한 샷이 좋다. 짧은 클럽일수록 오른 팔꿈치를 덜 접는 백스윙을 한다.

▲ 정확성을 요구하는 웨지샷은 스탠스 다소 좁게, 왼발을 빼고 체중 왼발 60%, 공과 가깝게 셋업, 양쪽 겨드

랑을 붙이고 체중이동을 적게 하며 뒤땅과 탑핑이 없는 어프로치에 집중하라.

스코어를 줄이는 똑딱 어프로치

어떤 웨지로 어떤 어프로치를 할지 다양한 옵션 중에서 현명한 결정을 하고 홀컵보다 길게 보내는 것이 좋을지 짧게 보내는 것이 좋을지 판단한 후, 체중 좌우로 7:3, 앞뒤 6:4로, 체중의 중심 공 앞, 머리는 공 뒤, 스탠스 좁게 공과 가까이, 왼쪽 골반과 왼발을 살짝 뒤로 빼고 공은 오른발 앞, 오픈 스탠스, 페이스를 필요한 만큼 열거나 닫고 상하체 꼬임을 만들어 셋업, 하체 고정, 겨드랑을 붙이고 양팔을 명치와 같이 움직이며 얼리 코킹과 힌징 테이크백하며 백스윙, 왼다리를 축으로 몸을 살짝 움직이며 손으로 공을 던진다는 느낌으로 감속하지 않고 손목을 가볍게 사용해 부드럽게 헤드페이스로 공을 가볍게 눌러 치는 똑딱 어프로치를 한다. 짧은 거리 어프로치는 구슬치기 하듯 클럽을 몇 번 던져 보는 연습을 한 후 작은 상체회전의 리듬으로 부드럽게 클럽을 던져 뒤땅과 탑핑이 없는 어프로치에 집중하라.

▲ 숏게임은 간결해야 하고 공이 떨어지는 지면 상태, 경사면, 퍼팅까지 생각하고 클럽을 선택해 샷을 한다.

▲ 숏게임은 헤드를 가파르게 들어 백스윙, 살짝 멈췄다가 헤드를 잘 떨어뜨리며 페이스로 공을 가볍게 눌러 친다.

▲ 숏게임은 공을 굴릴 것인지 띄울 것인지 잘 판단해 클럽을 선택과 올바른 셋업을 해야 한다.

▲ 숏게임은 로프트각 라이각에 따라 거리와 방향이 달라지는 것을 알고 신중히 하고 집중한다.

▲ 급경사에 세우는 어프로치는 페이스를 열고 아웃인으로 깎아 치는 샷으로 스핀을 많이 주고 팔로스루 때 헤드페이스가 하늘을 보는 높게 띄우는 샷을 한다.

▲ 홀컵이 뒤 핀이고 핀 뒤가 오르막이면 낮은 탄도로 굴리는 샷이 좋고 오르막 퍼팅을 남긴다.

▲ 그린 주변에서 벙커샷을 할 때는 페이스를 열어 그립을 잡고, 왼발 열고, 공은 왼쪽, 벙커샷은 헤드를 길게

빼는 테이크어웨이는 안 되고 바로 들어 올려 강하게 공 뒤 모래를 쳐 모래를 퍼내는 강한 샷을 한다.

▲ 페어웨이 벙커샷을 할 때는 공을 오른쪽에 놓고 공만 낚아채는 샷을 한다. 벙커샷 할 때 손목꺾기를 많이 가파르게 하면 거리가 적게 가고 손목꺾기를 완만하게 하면 거리가 좀 더 간다.

▲ 어프로치는 헤드페이스를 열고 닫음, 즉 탄도에 따라 비거리가 달라짐에 유의한다. 팔로스루가 낮으면 잘 구르고 페이스가 하늘을 보고 높으면 덜 구른다.

▲ 어프로치 할 때는 먼저 공이 놓인 자리를 분석하고 어떤 클럽의 어떤 샷으로 공을 어디에 떨어트릴 것인지 랜딩 포인트를 잡고 어프로치 한다.

▲ 칩샷, 피치샷, 로브샷

- 칩샷: 공을 굴려 핀에 붙이는 기술로 다양한 클럽을 사용 가능
- 피치샷: 띄우는 거리가 길고 굴리는 거리가 짧은 샷, 보통 56도 샌드웨지 사용
- 로브샷: 높은 탄도로 장애물을 넘겨 띄우고 세우는 샷, 로브웨지 58도 60도 사용

▲ 백스윙과 다운스윙 팔로스루 크기를 1:1 비율로 같게 하는 똑딱 어프로치를 한다.

• 낮게 띄우고 잘 굴리는 러닝 어프로치

스탠스 많이 좁게 체중 왼쪽 70%, 우측 발 앞에 공을 놓고 그립을 짧게 잡고 공과 가까이 서 핸드포워드 셋업, 손목 사용을 자제하고 왼다리를 축으로 몸통회전하며 퍼팅하듯 낮게 어프로치 하면 잘 구른다. P웨지, 9번 8번 7번 아이언 이용

• 짧은 거리 어프로치 클럽선택 요령

- 공 위치 내리막, 떨어지는 곳 내리막 S웨지
- 공 위치 내리막, 떨어지는 곳 오르막 A웨지
- 공 위치 오르막, 떨어지는 곳 오르막 P웨지
- 공이 떨어지는 곳부터 급 오르막 9번 아이언

• 높게 띄우고 세우는 로브샷 플롭샷

높게 띄우고 세우는 샷 스탠스는 굴리는 샷보다 많이 넓게 하고, 스탠스는 다리를 굽혀 오픈, 오른쪽 어깨 살짝

내리고, 공은 왼발 쪽, 왼발 열고, 그립 열고 셋업 자세 낮춤, 손 위치는 띄우는 정도에 따라 공과 일직선이나 오른쪽, 페이스를 먼저 열고 손과 어깨의 힘을 빼고 위크 그립을 잡고, 몸을 수평으로 하고 왼발을 살짝 열어 페이스와 타깃을 일직선으로 맞춰 셋업 한다. 손이 먼저 나가지 않고 페이스가 열린 로프트각을 유지해 백스윙 높이보다 팔로스루를 높게 해야 볼스피드가 줄고 공이 많이 뜬다. 스윙 크기로 거리를 조절한다. 로브샷은 페이스 많이 열고, 어깨는 수평, 코킹 된 손목을 임팩트 전에 풀어 손보다 클럽헤드가 먼저 간다. 팔로스루 때 헤드페이스가 하늘을 보는 느낌으로 스윙을 해야 볼스피드가 줄고 공이 높게 뜬다. 로브샷은 클럽헤드를 많이 열고 손과 어깨 힘을 확실하게 빼고 부드럽게 U자형 스윙을 해야 한다. 먼저 띄우는 샷이 좋을지, 굴리는 샷이 좋을지 상황을 판단하고 띄우겠다면 헤드페이스를 많이 열고 공 밑으로 헤드페이스를 빼낸다는 생각으로 백스윙 높이보다 팔로스루를 높게 한다. 공을 띄우면 캐리와 런이 줄어 비거리가 짧아짐을 참고한다.

6. 퍼팅 기본기

퍼팅은 정성과 집중과 멘탈이 솔루션

퍼팅은 게임의 컨디션을 좌우하고 골프의 승부를 결정한다. 티샷, 세컨샷, 써드샷을 잘해도 퍼팅을 못하면 게임은 패한다. 퍼팅을 잘하려면 처음부터 끝까지 정성과 집중하여 스트로크 한다. 그립을 일반 클럽과 다르게 손바닥으로 잡고 하체 고정, 양어깨를 수평으로 하여 허리를 숙여 골반을 접고 몸의 무게중심을 발 앞에 두고, 공 위치 왼쪽 눈 밑, 스탠스 어깨너비, 양쪽 겨드랑을 쪼여 붙이고 그립을 견고하게 잡고(다른 클럽보다 강하게) 그립 끝을 헤드보다 1cm 앞에 두고 핸드포워드 셋업, 어깨에 힘 빼고 움직여 머리를 들지 않고 손목각을 유지해 헤드 무게로 짧은 거리는 톡 때리고 중장거리는 약간 빠르기로 딱 때리며 팔로스루 길게 잔지운동의 스트로크를 한다. 퍼팅은 정성과 집중과 멘탈이 솔루션이다. 내리막은 부드럽게 오르막은 강하게 때리는 강약의 퍼팅을 한다.

▲ 퍼팅 그립은 견고히 잡고 하체를 고정하고 타깃 방향과 평행으로 일직선으로 신중하게 셋업

▲ 등과 어깨를 부드럽게 움직여 짧은 거리는 톡 때리고 긴 거리는 딱 때리는 리듬템포로 팔로스루 길게 퍼팅

▲ 헤드가 낮게 다니고 강약으로 때리는 퍼팅

▲ 숏 퍼팅 할 때는 골반 접고 허리를 숙여 그립을 짧게 잡고 왼손 그립을 강하게 쥐고 퍼팅

▲ 내리막은 붙이는 퍼팅, 오르막은 지나가는 퍼팅, 공이 구르는 곡선거리를 총거리로 퍼팅한다.

▲ 퍼팅한 공을 보려고 머리가 공을 따라가는 헤드업은 퍼팅을 망치는 나쁜 동작이다.

▲ 퍼팅 라이가 옆 라이인 경우에는 라이각을 좀 더 보고 태우는 퍼팅을 하는 것이 기본이다.

▲ 공이 구르다 휘는 지점을 1차 타깃으로 퍼팅

▲ 퍼터 그립은 70% 악력으로 머리를 들지 않고 감속하지 않고 자신 있게 퍼팅한다.

▲ 5m 미만의 직진 퍼팅을 할 때는 헤드 힐 쪽을 살짝 들어 공을 중앙에 두고 퍼팅한다.

▲ 퍼팅 셋업시간이 길면 실패 확률이 높다. 홀컵을 지나

가는 자신 있는 퍼팅을 한다.

▲ 롱퍼팅은 스탠스 좁게, 어깨 손목을 부드럽게, 퍼터를 잡고 어깨 정렬, 겨드랑을 붙이고 어깨를 크게 움직이며 퍼팅 템포를 빠르게 한다.

7. 스윙 메커니즘 & 코스 매니지먼트

골프 스윙 메커니즘(스윙 작용, 원리, 기술)을 깨닫고 클럽과 클럽 모양이 다양한 이유를 이해하고 스윙 연습을 하면 도움이 된다. 클럽 헤드페이스의 열림과 닫힘, 라이각과 로프트각 맞추기, 백스윙 크기, 클럽 선택 방법, 그립 잡는 방법, 공이 발보다 높거나 낮은 상태에서 샷하는 방법, 페어웨이와 그린의 언듈레이션 분석, 바람 방향과 세기, 샷 방법과 셋업 방법 등 다양한 내적, 외적 환경에 따라 샷하는 방법이 달라야 하고 샷 결과도 달라진다는 것을 깨닫고 상황에 맞게 영리한 코스 매니지먼트(운영의 묘) 하는 것이 타수를 줄이는 전략이다. 많은 경험을 통하여 배우고 익혀야 한다.

중요한 코스 매니지먼트와 멘탈

스윙은 공을 치는 기본 틀이고 샷은 공을 치는 기술이다.

이를 알고 스윙하고 샷을 한다. 이기는 전략의 핵심은 실수를 덜 하는 것, 매 코스마다 어떤 클럽으로 어떤 샷을 하여 어디로 얼마나 보낼 것인지 클럽을 선택하고 샷을 성공시켜 스코어를 줄이는 코스 운영의 묘가 코스 매니지먼트다. 샷이 좋아도 코스 매니지먼트와 멘탈이 나쁘면 타수를 잃는다. 아마추어는 코스 매니지먼트와 멘탈 관리를 잘못하여 잃어버리는 타수가 많다. 특히 난이도가 높은 홀에서 샷을 할 때는 욕심을 버리고 클럽 선택을 더 신중하게 해야 한다. 코스 매니지먼트를 잘못하면 다양한 실수를 하게 되고 타수를 잃는다.

고수들의 즐기는 골프와 노하우

▲ 고수는 셋업부터 신중히 하고 집중한다.

▲ 고수는 욕심과 조급함을 버리고 긍정의 멘탈로 언제나 즐기는 골프를 한다.

▲ 고수는 컨디션 난조로 샷이 어렵게 느껴지면 한 클럽 크게 잡고 부드러운 샷을 한다.

▲ 고수는 욕심을 버리고 안전성 위주의 성공률이 높은 샷을 제1 전략으로 한다.

▲ 고수는 비거리에 집착하지 않고 페어웨이를 지키고 무조건 살리는 드라이버 샷에 집중한다.

▲ 고수는 척추각을 유지하고 몸통회전하며 두 팔을 접었다 뻗어 정타를 친다.

▲ 고수는 버디는 못 해도 보기는 하지 말자는 안전성 위주로 코스 매니지먼트 한다.

▲ 고수는 그린의 난이도가 높고 앞 핀일 경우에 홀컵이 아닌 그린 중앙으로 보낸다.

▲ 고수는 언듈레이션이 심하고 내리막이 심한 그린은 공을 띄우고 세우는 샷을 한다.

▲ 고수는 공 놓인 자리가 나쁜 트러블 상황에서는 샷을 조심하며 풀 샷보다는 간결한 펀치샷을 한다.

▲ 고수는 난이도가 높은 코스에서 안전성 위주로 끊어 가고 돌아간다.

▲ 고수는 로프트각 라이각에 따라 거리와 방향이 달라지는 숏게임에 신중히 하고 집중한다.

▲ 고수는 백스윙 크기와 다운스윙 팔로스루 크기를 1:1

비율로 같게 하는 똑딱 어프로치를 한다.

8. 레이디 시니어에게 더 중요한 기본기

레이디 시니어에게 더 중요한 것은 안정성 위주로 클럽을 선택하고 부드럽고 간결한 샷으로 공을 정타로 맞히는 기술이다. 체력이 떨어지는 레이디 시니어 골퍼가 드라이버 티샷 할 때는 그립을 조금 짧게 잡고 또박또박 공을 정타로 맞히는 샷이 중요하고 세컨샷 써드샷을 할 때도 거리를 더 보내려고 강한 샷을 하지 말고 부드럽고 간결한 스윙으로 실수 없는 골프를 해야 한다. 특히 레이디 시니어는 기본에 충실하고 영리한 골프를 하라.

어프로치 퍼팅 실력이 달리면 끝

힘과 유연성이 부족한 레이디 시니어가 드라이버 티샷 비거리를 멀리 보낼 수 없다면 세컨샷, 어프로치, 퍼팅 실력이 달리면 안 된다. 특히 어프로치, 퍼팅을 잘해야 한다. 샷 실수를 덜 하려면 먼저 스윙 메커니즘을 이해하고 코스 매니지먼트에 좀 더 신경 쓰고 샷 기본 테크닉을 제대로 익히고 응용할 줄 알고 세컨샷, 어프로치, 퍼팅 기본에 충실하고 영리한 플레이를 하라.

▲ 드라이버 티샷은 비거리가 짧게 가더라도 페어웨이를 지키는 부드럽고 간결한 샷을 하고 무조건 살려라.
▲ 레이디 시니어는 팔과 상체에 힘을 빼고 부드럽게 몸통, 팔, 클럽이 같이 돌며 반드시 정타에 집중하라.
▲ 레이디 시니어는 코킹과 힌징을 지렛대로 이용해 엘투엘 스윙으로 부드럽게 정타를 쳐라.
▲ 레이디 시니어는 어프로치, 퍼팅 실력이 달리면 안 된다. 100m 미만 어프로치, 퍼팅 연습을 하라.
▲ 백스윙과 다운스윙 팔로스루 스윙 크기를 같게 하는 일관된 리듬의 어프로치 연습을 많이 하라.
▲ 하나 둘 셋 리듬템포의 빠른 스윙으로 힘 있게 정타를 치는 일관된 리듬의 아이언, 유틸, 우드샷을 하라.
▲ 시니어는 가급적 멘탈을 중요시하고 즐기는 골프를 하라.

제3장

한 동작으로 이어지는 스윙 프로세스

샷 실수를 안 하려면 먼저 스윙 메커니즘 이해가 필요하다. 아마추어 초급자들은 셋업을 잘못해 실수하고, 몸의 열림과 닫힘, 클럽의 열림과 닫힘, 클럽 라이각과 로프트각, 스윙 크기와 회전의 크기, 헤드스피드, 공이 놓인 환경 등에 따라 달라져야 하는 셋업과 샷 하는 방법을 몰라서 많은 실수를 한다. 골프는 힘 빼고 부드럽게 백스윙하고 간결하고 침착하게 다운스윙하는 연습을 통하여 스윙 메커니즘을 깨달아야 한다.

1. 알고 익혀야 할 샷 테크닉 ABCD ~ RST

골프 제1의 경쟁력은 퍼팅 능력, 제2의 경쟁력은 숏게임 능력, 제3의 경쟁력은 아이언, 우드, 유틸샷 능력, 제4의 경쟁력은 드라이버 티샷 능력이라고 하면 첫 번째로 중요한 것은 에이밍과 셋업이다. 즉 올바른 셋업을 해야 퍼팅을 비롯해 모든 샷의 경쟁력을 갖고 정타를 칠 수 있다. 공이 멀리 가도 똑바로 가지 못하면 짧게 가도 똑바로 간 것만 못함을 알면서도 우리는 이를 늘 망각하고 골프를 한다. 두 번째로 중요한 점은 클럽 선택이다. 거리를 더 보내려고 힘이 들어간 샷으로 뒤땅이나 탑핑을 치는 샷을 한다. 구력이 짧고 연습량이 적은 아마추어 골퍼들이 많이 하는 실수다. 골프 승부는 누가 실수를 덜 하느냐의 문제다.

A. 아마추어는 강한 샷으로 거리를 더 보내려다 실수를 많이 한다. 골퍼는 부드럽고 간결한 스윙으로 정타를 치는 것이 관건이다. 공을 똑바로 보내려면 헤드페이

스로 공을 똑바로 때리고, 퍼터 또한 양쪽 겨드랑을 붙이고 왼손 그립을 강하게 잡고 헤드가 흔들리지 않고 공을 정타로 맞히는 스트로크를 해야 한다.

B. 어프로치는 클럽에 따라 셋업에 따라 탄도에 따라 달라지는 거리를 이해해야 한다. 헤드를 잘 떨어뜨리는 하향 타격이 중요하고 강한 임팩트나 감속하여 거리를 맞추는 것은 나쁜 어프로치다. 테이크백을 오른쪽 4-5시 방향으로 하면 드로우샷이 되어 탄도가 낮아 많이 구르고, 2-3시 방향으로 테이크백하며 깎아 치는 페이드샷을 하면 탄도가 높아지고 덜 구른다.

C. 퍼팅할 때 리듬템포가 일정치 않아 거리를 맞추지 못하고 감속하거니 퍼터를 잡고 끊어 치고, 머리가 공을 따라가는 헤드업으로 많은 실수를 한다. 퍼팅은 무릎을 구부리지 않고 하체와 골반을 고정하고 서서, 팔과 퍼터 샤프트를 일직선으로 하고 등과 어깨를 움직여 퍼팅한다. 10m 내 퍼팅을 할 때는 그립을 강하게 잡고 흔들림 없이 홀컵을 지나가는 스트로크를 한다.

D. 트러블 상황에서 클럽을 짧게 잡거나 길게 잡아야 하는 것을 알면서도 욕심과 집중력 부족으로 클럽 선택과 그립을 제대로 잡지 않고 뒤땅과 탑핑, 온갖 미스샷을 한다. 비거리에 집착하지 않고 타수에 지장이 없는 내에서 안전한 샷을 하는 것이 최선이다. 샷 할 외부 환경이 나쁠 때는 우드보다 유틸리티로 유틸리티보다 아이언으로 샷 성공률이 높은 클럽을 선택한다.

E. 백스윙 때 샤프트가 오른쪽 어깨 뒤로 내려가면 안 되고 어깨 위에 있어야 뒤땅을 안 친다. 백스윙 탑에서 헤드페이스가 하늘을 보면 헤드가 닫처 내려오고(그립을 지나치게 스트롱 그립을 잡았을 경우로 훅 조심) 헤드페이스가 땅을 보면 헤드가 열려 내려오는 샷이 된다. (위크 그립을 잡았을 경우로 슬라이스 조심) 보편적으로 약한 스트롱 그립을 잡는 것이 좋고 헤드페이스가 45도 하늘을 보는 것이 좋다.

F. 캐스팅(casting, 다운스윙 시 힌징한 손목이 일찍 풀리는 현상)과 래깅(lagging, 코킹 힌징한 손목을 임팩트

전까지 끌고 내려오는 동작)을 빠르게 해 뒤땅이나 탑핑이 된다. 캐스팅을 안 하려면 손목에 힘 빼고 손목각을 유지해 래깅한다.

G. 초보가 Par3 티샷을 할 때 클럽을 타이트하게 선택해 강한 스윙으로 거리를 맞추려다 실수하는 경우가 많다. 부드러운 샷으로 거리를 맞추는 것이 성공률이 높다. 아마추어가 파3 샷을 할 때는 홀컵에 붙이려는 것보다 홀컵과 멀어져도 오르막 퍼팅을 남기고 그린 중앙에 보내는 것이 좋다.

H. 공이 발보다 높거나 낮을 경우, 클럽 선택과 셋업을 잘못해 실수하는 경우가 많다. 공이 발보다 높게 있거나 오른발이 왼발보다 높을 경우에는 뒤땅 칠 가능성이 있고, 공이 발보다 낮게 있거나 오른발이 왼발보다 낮을 경우는 탑핑 가능성이 있다. (전자는 훅, 후자는 슬라이스를 조심한다.) 왼발이 내리막일 경우는 탑핑과 뒤땅을 조심하고 공은 가운데 놓고, 왼발에 체중을 두고 양쪽 어깨와 골반은 지면과 평행, 클럽헤드

열림을 조심하고, 공을 멀리 보내는 것보다 정타 위주로 부드럽게 팔로만 스윙한다.

I. 클럽을 짧게 잡거나 짧은 클럽으로 샷 할 경우는 탑핑 가능성이 있고(공이 발보다 낮게 있을 경우) 평소보다 그립을 길게 잡거나 긴 클럽으로 샷 할 경우에는 뒤땅을 칠 가능성이 있다(공이 발보다 높을 경우).

J. 공과 가깝게 서 셋업하면 공이 힐 쪽에 맞아 쉥크 날 가능성이 높고 공과 멀리 서면 공이 토우 쪽에 맞아 미스샷이 될 수 있다. 왼발을 열고 셋업하면(오픈 스탠스) 공은 오른쪽으로 가기 쉽고, 왼발을 닫고 셋업하면(클로즈 스탠스) 공은 왼쪽으로 가기 쉽다.

테이크어웨이는 일직선으로 길게 빼고 양 팔꿈치를 몸 앞에 모아 백스윙과 다운스윙을 한다. 다운스윙 때 오른 팔꿈치를 옆구리에 붙이고 내려오며 골반을 살짝 접었다 펴며 배꼽을 돌려 타깃을 보며 피니시 한다.

K. 양팔 어깨에 힘이 들어간 백스윙을 하면 백스윙이 되

다 마는 실수를 한다. 컨트롤 샷을 할 때도 마찬가지다. 팔과 어깨에 힘을 빼고 두 팔을 길게 뻗어 셋업하고 필요한 만큼 확실하게 백스윙하고 탑에서 멈추고 힘을 빼야 부드러운 다운스윙을 할 수 있다. 공을 멀리 보내려고 할수록 힘 빼고 부드럽고 간결한 샷을 한다.

L. 남은 거리가 멀고 앞 핀, 뒤 핀일 때 그 핀에 가깝게 붙이려다 오히려 핀과 멀어지거나 그린에 올리지도 못하는 실수를 한다. 앞 핀일 경우에는 핀보다 길게 공략하고 뒤 핀일 경우에는 핀보다 짧게 공략한다. 핀이 왼쪽이면 오른쪽을 공략하고 핀이 오른쪽이면 왼쪽을 공략한다. 남은 거리가 멀 때는 그린 중앙을 공략하고 핀이 가까울 때는 핀을 직접 공략한다. 앞 핀을 공략할 때는 탄도를 높게 하여 공을 높게 띄워 세우거나 범프 앤 런 샷을 한다.

M. 샷이나 퍼팅을 할 때 가속하거나 감속하면 실수한다. 샷의 리듬템포가 일정해야 결과가 좋다. 특히 어프로치나 퍼팅할 때 감속이나 가속하는 실수를 많이 한

다. 연습량과 집중력은 정확성과 비례한다.

N. 냉정하지 못하고 가볍게 생각하다 패널티 에어리어, OB, 공이 가면 안 되는 곳으로 보내는 실수를 많이 한다. 공이 가지 말아야 할 곳을 피해 가는 것이 초급자에게는 좋은 코스 매니지먼트다. 드라이버 티샷을 할 때도 비거리에 집착하지 말고 페어웨이를 지키는 샷을 한다. 세컨샷이나 써드샷을 할 때도 마찬가지다.

O. 아마추어 초중급자의 플레이 전략은 달라야 한다. 프로는 버디가 크게 어렵지 않고 버디를 해야 하는 것이 절대적이지만 아마추어는 버디가 어렵고 보기, 더블, 트리플을 쉽게 하기 때문에 버디 욕심을 내는 것보다 par를 목표로 하는 것이 타수를 잃지 않는 플레이 전략이다. 아마추어는 비거리 욕심 때문에 번번이 실수한다. 자만하지 말고 거리 유혹을 버려야 한다. 일시적으로 샷이 안 되면 기본 스윙 자세로 돌아가 큰 똑딱이 연습을 하면 샷 감을 다시 찾을 수 있다.

P. 초보자들은 클럽을 타이트하게 선택해 거리를 맞추려다 실수하는 경우가 많다. 부드럽고 간결한 샷으로 거리를 맞추는 샷 연습을 평소 많이 한다. 간결한 샷이란 스피드를 감속해 샷을 천천히 하는 것이 아니고 일정한 리듬템포의 샷이다. 샷이나 퍼팅할 때 감속해서 거리를 맞추려는 것은 나쁜 샷이다.

Q. 그립을 주기적으로 교체하고 자주 깨끗하게 닦는 것도 알아둘 점이다. 클럽을 덜 사용해도 시간이 지나면 그립이 굳어 나빠지고 많이 사용하면 손때가 묻어 그립이 미끄러워 미스 샷이 날 가능성이 많다. 값싼 그립일수록 더 그렇다.

R. 골프를 시작하기 전 몸의 근육과 긴장을 풀어 주는 준비운동, 스트레칭은 골프할 때 반드시 필요하다. 골프는 오른쪽으로 회전하는 백스윙과 왼쪽으로 회전하는 다운스윙이 골프의 전부다. 따라서 경기를 시작하기 전 30분 이상은 준비운동을 하여 몸을 충분히 풀어야 경기 초반 실수가 준다.

S. 어떤 클럽으로 어떤 샷을 하여 공을 어디로 보내겠다는 결정을 하면 다른 생각을 일체 하지 말고 결정한 대로 자신 있는 샷을 한다.

T. 초중급자 골퍼일수록 많은 실수를 한다. 손, 팔, 상체에 힘 빼고 몸이 잘 돌며 간결하게 백스윙하고 부드럽고 빠르고 자신 있게 다운스윙하는 것은 모든 골퍼들의 로망이다. 그립을 가볍게 잡고 팔과 어깨에 힘 빼고 찰랑찰랑 헤드를 잘 떨어뜨리는 부드러운 스윙으로 방향과 거리를 맞추는 샷이 솔루션이다.

2. 하나로 이어지는 스윙 동작

▲ 에이밍(aiming): 공의 타깃을 조준하는 동작

▲ 어드레스, 셋업(address & setup): 타격 준비 자세

▲ 테이크어웨이와 테이크백(take away & take back): 클럽을 빼며 백스윙을 시작하는 동작

▲ 코킹, 힌징(cocking, hinging): 왼손목을 위로 꺾는 코킹, 오른손목을 오른쪽으로 꺾는 힌징

▲ 백스윙(back swing): 오른쪽으로 돌며 클럽을 오른쪽 등 뒤로 던져 다운스윙 준비 동작

▲ 샬로잉(shallowing): 백스윙 탑에서 양손에 힘을 빼고 클럽을 살짝 눕혀 래깅하는 동작

▲ 트랜지션(transition): 백스윙 탑에서 다운스윙으로 전환하는 동작

▲ 다운스윙(down swing): 백스윙 탑에서 왼쪽으로 돌며 공을 내려치는 동작

▲ 래깅(lagging): 탑에서 코킹한 손목각을 유지하고 오른팔꿈치를 옆구리에 붙이고 내리는 동작

▲ 캐스팅(casting): 코킹 손목을 일찍 풀거나 풀려 힘 전달이 안 되고 임팩트 타이밍이 안 맞는 나쁜 동작

▲ 스쿠핑(scooping): 공을 띄우려고 코킹을 일찍 풀며 헤드로 공을 퍼 올리려는 나쁜 동작

▲ 릴리즈(release): 임팩트 전후 구간에서 클럽헤드를 던지는 동작

▲ 임팩트(impact): 공을 타격하는 순간의 동작

▲ 팔로스루(follow through): 임팩트 후 클럽을 타깃 쪽으로 밀고 뻗는 동작

▲ 리코킹(re cocking): 피니시 때 왼팔을 접는 동작

▲ 피니시(finish): 양팔을 왼쪽 등 뒤로 넘겨 왼팔을 접고 스윙을 마무리하는 동작

3. 기본에 충실하라

공을 정타를 맞히는 기본기는 가장 중요하다. 백스윙 탑에서 멈추고 힘 빼고 헤드 무게를 느끼는 백스윙부터 잘 해야 한다. 골프는 땅에 있는 공을 목표 방향으로 보내기 위해 클럽을 가볍게 잡고 에이밍하고 상체를 숙여 공을 타격할 자세를 취한다(어드레스 정렬). 상체를 오른쪽으로 열며 클럽을 빼는 테이크어웨이, 테이크백, 코킹과 힌징하며 왼팔, 왼 어깨를 밀고 오른팔과 오른 어깨를 당겨 헤드페이스가 45도 하늘을 보며 오른팔을 접는 백스윙, 탑에서 잠깐 멈췄다가 골반, 몸통이 돌며 래깅, 팔을 뻗는 릴리즈와 임팩트, 타깃을 보고 돌며 팔로스루, 왼팔을 접는 피니시는 중요한 기본기다.

척추각을 유지하고 왼발로 체중이동, 골반 상체가 돌며 공을 똑바로 맞히는 임팩트를 한다. 그러나 우리는 어제 다르고 오늘 다른 샷을 하며 어려움이 시작된다. 생각이 많은 샷을 하다 샷을 엉망으로 만든다. 아마추어는 기본기를 익히고 욕심내지 말고 부드럽게 공을 똑바로 맞히는 기본에만 충실해도 타수를 많이 줄일 수 있다. 하지만 대부분 아마추어 골퍼는 기본기가 부족한 상태에서 거리 욕심만 내다 번번이 실수한다. 특히 아마추어 초중급자들이 많이 하는 실수다.

두 팔에 힘 빼고 부드럽게 클럽을 빵 던져라

골프를 하며 배우고 익혀야 하는 것은 땅에 있는 공을 똑바로 맞히는 기술이다. 척추를 숙이고 몸이 돌며 오른팔을 접고 접었던 팔을 뻗어 자신 있게 클럽을 던져라. 이때 왼발로 체중이동하며 왼다리를 벽으로 해 백스윙 탑에서 오른 팔꿈치를 옆구리에 붙이고 두 팔에 힘 빼고 클럽을 끌어내리는 래깅과 스윙 최저점을 향해 부드럽게 클럽을 빵 던지는 다운스윙이 관건이다.

골프 스윙은 힘이 필요하지만 힘으로만 하는 운동이 아니다. 두 팔에 힘 빼고 부드럽게 클럽을 빵 던지는 스윙 습관을 가져야 한다. 반드시 양쪽 겨드랑을 붙이고 가슴 앞에 양팔을 모아 부드럽게 몸이 돌며 클럽을 어깨에 둘러메는 느낌으로 백스윙하며 탑에서 바이킹처럼 멈췄다가 왼발을 딛고 다운스윙, 이때 어깨, 팔, 손에 힘이 들어가 강한 샷을 하면 안 된다. 손목, 팔, 어깨에 힘 빼고 두 팔을 늘어뜨려 올바르게 셋업하고 헤드 무게를 느끼며 부드럽게 클럽을 잘 다루면 굿샷이 된다.

헤드페이스 중앙에 공을 맞혀라

땅에 있는 공을 칠 때는 그립을 가볍게 잡고 셋업하고 손목각을 유지해 왼발로 체중이동하며 허리를 숙이고 공을 보며 몸통, 팔, 클럽이 같이 돌며 최저점을 향해 클럽을 던져라. 이때 헤드엣지가 공 밑을 파고들며 헤드페이스 중앙에 공을 맞히는 다운스윙 임팩트에 집중하라.

- **아이언은 핸드포워드 셋업하고 눌러 쳐라**

아이언샷을 할 때는 핸드포워드 셋업을 하고 왼발을 딛

고 체중이동하고 허리를 숙여 스윙하는 것은 공을 잘 눌러 치기 위함이다. 핸드포워드는 코킹과 힌징을 돕고, 공을 누르며 내려치는 효과를 얻고, 스핀량을 늘려 공을 세우고 뒤땅과 탑핑이 없는 좋은 샷을 하게 된다.

타깃 방향으로 돌며 몸 앞에서 임팩트

드라이버 티샷과 러프에 떠 있는 공을 제외하고 땅에 놓인 공을 칠 때는 다운블로우로 눌러 쳐라. 지면에 공을 칠 때는 척추를 숙이고 가슴이 공을 보며 왼쪽 다리를 축으로 벽을 만들어 왼발을 딛고 타깃 방향으로 몸통, 팔, 클럽이 같이 돌며 몸 앞에서 눌러 돌며 척추를 숙이고 오른쪽 어깨를 떨어뜨리고 공을 향해 누르며 회전하는 다운스윙, 몸 앞에서 임팩트만 잘해도 굿샷.

▲ 그립을 가볍게 쥐고 웨글을 통하여 팔과 어깨에 힘을 빼고 거리 욕심을 버린다.

▲ 척추를 숙여 공 옆을 보며 오른쪽 어깨와 팔을 늘어뜨

려 셋업(좋은 셋업이 굿샷을 만든다.)

▲ 헤드페이스가 공을 보며 테이크어웨이, 코킹과 힌징하며 오른팔을 감아 접는 백스윙, 탑에서 체중이동과 몸이 돌며 다운스윙, 코킹과 힌징을 지렛대로 활용해 오른팔을 뻗어 공을 낚아채는 임팩트, 릴리즈 한다.

▲ 두 다리를 잡고 스윙하면 체중이동이 안 되고 팔로 하는 스윙이 되어 비거리가 줄고 미스샷이 된다.

▲ 다운스윙은 급하고 강하면 안 되며 척추각을 유지해 스윙하고, 오른발이 빨리 떨어지고 상체 회전이 빨라 헤드가 뒤따라오면 열려 맞아 슬라이스가 된다.

스윙 메커니즘, 코스 매니지먼트, 멘탈 관리

샷을 실수하는 큰 원인은 스윙 메커니즘을 모르고 코스 매니지먼트, 멘탈 관리를 바로 하지 못하기 때문이다. 좋은 샷은 거리 욕심을 버리고 부드럽고 간결하게 샷 하는 것이다. 샷은 그날의 컨디션에 따라 누구든지 잘되는 날이 있고 안되는 날이 있다. 샷이 안 된다고 샷 방법을 수

시로 바꾸면 좋은 샷을 할 수 없다. 다른 샷은 틀린 샷이 아니다. 다를 뿐이지 더 좋은 샷일 수도 있다. 체력과 유연성이 떨어지는 골퍼라면 전략적으로 영리한 골프를 하라. 샷을 실수하는 원인을 알고 고쳐라.

샷을 실수하는 주요 원인

1) 에이밍이 잘못되고 샷의 집중력 부족해 실수
2) 그립을 잘못 잡고 어드레스 정렬을 잘못해
3) 클럽 선택을 잘못하고 강한 샷을 해 실수
4) 헤드 열림과 닫힘, 신중치 못한 백스윙을 해
5) 백스윙이 되다 말고 스윙 리듬템포가 안 맞아
6) 몸통회전이 덜 되고 팔 위주로 샷을 해 실수
7) 골반을 안 빼고 척추를 숙이지 않고 샷을 해
8) 왼쪽 골반이 빨리 열리며 임팩트를 해 실수
9) 클럽을 자신 있게 던지지 못하는 것이 실수
10) 공을 끝까지 안 보고 임팩트 하는 것이 실수
11) 상황에 맞는 셋업과 샷을 제대로 하지 못해

12) 강한 스윙으로 비거리 욕심을 내다 실수

13) 다운블로우 샷을 못하고 퍼 올리는 샷을 해

14) 난이도가 높은 코스에서 샷을 신중히 못 해

15) 멘탈 관리, 스윙 메커니즘, 코스 매니지먼트가 잘못 되는 것은 실수의 큰 원인이다.

제4장

실수를 줄이고 이기는 골프를 하라

1. 골프 스윙의 기본 엘투엘 스윙

골프는 땅에 있는 공을 쳐 멀리 있는 홀컵에 넣는 운동이지만 강한 샷으로 공을 멀리 보내려고 힘이 들어가면 그 샷은 실패한다. 손목 양팔 어깨에 힘 빼고 척추를 숙여 가슴으로 공을 보고 골반과 어깨를 회전하며 헤드 무게를 느끼며 간결하게 공을 또박또박 낚아채는 바이킹 타법의 엘투엘 스윙을 익혀라. 좋은 스윙은 백스윙 탑에서 힘 빼고 오른쪽 팔꿈치를 옆구리에 붙이고 코킹과 힌징을 유지해 클럽헤드를 떨어뜨리는 래깅, 머리를 공 뒤에 두고 가슴 앞에서 헤드페이스로 공을 때리는 임팩트, 릴리즈하고 왼쪽 팔꿈치를 옆구리에 붙이는 느낌으로 팔로스루, 왼팔을 접고 피니시 하는 엘투엘 스윙을 익혀라.

헤드스피드를 내는 구간을 오른쪽 허리에서 왼쪽 허리로 하여 손목 스냅을 이용, 그립 끝이 지면을 보며 공을 또박또박 낚아채는 엘투엘 스윙을 한다. 임팩트 시 오른쪽 어깨가 앞으로 나가고 왼쪽 어깨가 올라가지 않아야 하며 오른손바닥으로 공을 때리는 느낌으로 임팩트 한다. 몸 앞에서 손과 팔이 같이 회전하며 또박또박 공을 때리는 엘투엘 스윙을 한다. 왼쪽 골반을 잡고 가슴을 열어주는 우향우 L자형 백스윙과 타깃 방향으로 가슴을 열고 머리를 공 뒤에 두고 좌향좌 L자형 팔로스루를 하는 엘투엘 스윙은 골프 스윙의 기본이다.

오른손 따봉 & 왼손 따봉 엘투엘 스윙

아마추어에게 좋은 스윙은 오른손을 따봉하는 백스윙과 왼손을 따봉하는 엘투엘 스윙이다. 왼팔을 밀고 오른팔을 당겨 클럽을 들어 올리며 오른쪽 팔꿈치가 땅을 보고 상체를 꼬며 오른손 따봉, 클럽을 L자로 드는 오른손 따봉 백스윙, 손에 힘 빼고 타깃 방향으로 상체를 열며 왼발 앞꿈치를 누르며 손목 스냅을 이용, 몸 앞에서 공을 또박또박 낚아채고 왼쪽 팔꿈치를 옆구리에 붙이고(노치킨윙) 몸이 돌며 클럽을 L자로 들어 왼손을 따봉 팔로스루, 피니시 하는 엘투엘 스윙을 익혀라.

2. 좋은 스윙과 이기는 전략

좋은 스윙 엘투엘 스윙

실수를 줄이는 좋은 스윙은 오른팔을 접고 클럽을 L자로 드는 백스윙, 왼팔을 접고 클럽을 L자로 들어 팔로스루하는 엘투엘 스윙이다.

1) 그립을 가볍게 잡고 두 팔에 힘을 빼고 가슴 앞에 모아 축~ 늘어트려 셋업하고
2) 코킹 힌징하며 테이크백, 오른팔을 감아 접고 클럽을 들어 올리는 백스윙하고 멈추고 힘 빼기
3) 손과 클럽을 90도로 유지해 다운스윙, 왼팔을 접고 클럽을 L자로 들어 올리는 팔로스루 엘투엘 스윙
4) 샷하는 환경이 나쁜 트러블 상황에서는 몸통회전을 덜하고 팔로 부드럽게 엘투엘 스윙
5) 클럽을 타이트하게 잡고 강한 샷을 하지 말며 한 클럽 더 잡고 간결한 엘투엘 스윙으로 거리를 맞춘다.

6) 유연성과 체력이 떨어지는 골퍼는 오른손 따봉 클럽을 L자로 드는 백스윙과 왼손 따봉 클럽을 L자로 들고 팔로스루 하는 엘투엘 스윙을 익혀라.

• **또박또박 공을 쳐 그린 적중률을 높여라**

확실하게 몸이 돌며 몸 앞에서 또박또박 공을 때리는 엘투엘 스윙으로 그린 적중률을 높여라. 공 위치 오른쪽, 체중 왼쪽, 골반과 오른발을 뒤로 빼고 상체를 숙여 그립을 조금 강하게 잡고 핸드포워드 셋업, 팔 어깨 힘 빼고 클럽, 팔, 어깨, 몸통을 차례로 움직여 테이크백 코킹과 힌지, 왼팔을 밀고 오른팔을 감아 접는 백스윙을 하고, 백스윙 탑에서 왼발로 체중이동, 클럽을 끌어내리는 래깅, 왼팔을 당기고 오른팔을 뻗어 또박또박 공을 때리는 엘투엘 스윙으로 그린 적중률을 높여라. 바람이 불고 지면이 나쁜 곳은 임팩트에 더 집중해 공을 정확히 맞히는 엘투엘 펀치샷이 좋다.

이기는 전략 코스 매니지먼트

실수를 줄이고 이기는 전략 코스 매니지먼트에 집중하고 영리한 플레이를 하라. 골프는 아이언샷, 숏게임, 퍼팅 능력이 떨어지면 타수를 줄일 수 없고 이길 수 없다. 드라이버 거리를 멀리 보내지 못해도 페어웨이를 지키고 욕심 없는 샷을 하면 실수가 준다. 이기는 전략 코스 매니지먼트에 집중하고 실수를 줄여라.

1) 크게 숨을 내쉬고 팔, 어깨에 힘 빼고 긴장 풀고 상황에 맞는 셋업과 영리한 플레이를 하라.
2) 드라이버 티샷은 반드시 살려라. 드라이버 티샷은 힘 빼고 백스윙을 해야 실수가 없다.
3) 안전성 위주로 정확성이 큰 클럽을 선택하라.
4) 잘하는 샷 거리를 남겨 그린 적중률을 높여라.
5) 홀컵보다 짧게 보내는 것이 좋은지 더 보내는 것이 좋은지, 오른쪽이 좋은지 왼쪽이 좋은지 판단하고 샷하기
6) 퍼팅은 집중, 정성, 멘탈이 솔루션. 그립을 견고히 잡

고 셋업, 자신 있게 퍼팅하기

7) 냉정하지 못하고 무심코 욕심을 부려 부주의한 드라이버 티샷을 하면 자칫 큰 실수를 한다.
8) 페어웨이를 지키고 그린 적중률을 높여라. 위성이 있으면 반드시 끊어 가고 돌아가라.

실수를 줄이는 샷 전략

골프 스윙 연습의 목적은 실수를 줄이는 것이다. 스윙은 공을 치는 기본 틀이고 샷은 공을 치는 기술로 이해하면 된다. 스윙아크를 상상하며 클럽을 휘둘러라. 오른팔만 강하고 빠르면 뒤땅이나 탑핑이 난다. 왼팔을 당기며 오른팔을 뻗는 올바른 샷을 해야 한다.

▲ 초급자는 버디 욕심을 버리고 Par전략 구사
▲ 안정성 일관성 있는 영리한 플레이전략 구사
▲ 비거리가 짧아도 절대로 실수하지 않는 안전성 위주의 드라이버 티샷을 하고 위험성이 높은 코스는 끊어

가고 돌아가는 샷 전략을 구사하라.

▲ 공을 보낼 전후좌우를 살펴 보낼 곳을 정하여 샷을 하고 오르막 퍼팅을 남기는 샷을 하라.

▲ 먼 거리가 어프로치는 그린 중앙을 공략하고 짧은 거리 어프로치는 홀컵을 공략하는 전략

▲ 짧은 퍼팅은 홀컵에 넣는 데 집중하고 장거리 퍼팅은 홀컵에 붙이는 데 집중해 약간 빠르기로 팔로스루를 길게, 진자운동의 스트로크를 하라.

▲ 철저히 페어웨이를 지키고 온 그린 적중률을 높이는 아이언 웨지샷 능력을 높여라.

▲ 유연성과 체력이 안 되는 골퍼는 거리 욕심을 버리고 이기는 전략으로 큰 실수만 하지 말고 정확성을 요구하는 100m 미만의 어프로치 연습을 많이 하라.

▲ 강하고 힘이 들어간 부자연스러운 샷은 하면 안 되는 나쁜 지는 샷이고 부드럽고 간결한 자연스러운 샷은 익혀야 할 좋은 이기는 샷이다.

스윙 연습 혼자서도 잘해요

어떻게 하면 날아가는 클럽헤드 관성의 힘을 이용해 공을 잘 때릴 수 있을까? 팔과 어깨에 힘 빼고 두 팔을 늘어뜨려 셋업. ▲ 왼쪽 어깨, 왼팔은 밀고 오른쪽 어깨, 오른팔은 당기며 오른발을 딛고 상체를 꼬며 왼손은 닫고 오른손은 열고 클럽을 들어 올리는 백스윙. ▲ 팔과 어깨에 힘 빼고 왼발을 딛고 골반, 몸통을 타깃 방향으로 밀고 돌며 왼손은 열고 오른손은 닫고 아래팔을 회전하며 공을 낚아채는 임팩트를 한다.

팔, 상체에 힘 빼고 돌며 오른발로 체중이동, 왼손목을 위로 꺾는 코킹과 오른손목을 옆으로 꺾는 힌징을 하고 백스윙한다. 탑에서 힘이 빠진 것을 느끼고 반 템포 쉬고 다운스윙, 왼발로 체중이동하며 래깅하고 타깃 방향으로 몸, 팔, 클럽이 같이 돌며 헤드 무게로 또박또박 공을 때리고 팔로스루 피니시 한다. 체중이동은 몸이 크게 오른쪽 왼쪽으로 왔다 갔다 이동하는 것이 아니라 오른발 왼발로 살짝살짝 하체를 이동하는 것이다.

독학 골퍼 10타 줄이는 방법

아마추어는 왜 실수를 많이 할까? 욕심 때문이고 자만하기 때문이고 유혹에 빠지고 소심하기 때문이고 샷을 자주 바꾸고 멘탈 관리가 안 되기 때문이다. 아마추어는 거리 욕심을 내는 순간 큰 실수를 한다. 반드시 기본 원칙 스윙으로 정타를 쳐라. 다음 스윙 테크닉을 익히고 자신 있는 골프를 하라.

1) 골프는 멘탈, 마인드 컨트롤이 중요하다. 근심, 걱정, 자만, 유혹에 빠지지 말고 스윙 방법을 자주 바꾸고 다듬어지지 않은 샷을 하지 말라.
2) 가급적 뉴트럴 그립을 잡고 두 팔을 늘어뜨려 셋업하고 반드시 페어웨이를 지키는 샷을 하라. 드라이버 티샷을 부드럽게 하고 비거리 경쟁을 하지 말라.
3) 오른손을 열고 팔을 접는 백스윙과 탑에서 멈추고 힘 빼고 오른팔을 뻗고 오른손을 닫는 다운스윙을 하라.
4) 유연성이 떨어지는 골퍼는 한 클럽 크게 잡고 부드럽고 간결한 샷으로 내 거리를 만들고 러프, 벙커, 장애

물에 도전하지 말고 피해 가라.

5) 샷 능력이 부족하면 거리와 타수에 욕심내지 말고 페어웨이를 지키고 위험성이 높은 코스는 반드시 끊어가고 돌아가라.

6) 고난도 코스에서는 자신 없는 클럽은 잡지 말고 정확성이 낮은 샷은 하지 말고 한 타 더 친다고 생각하라.

7) 공이 발보다 높고 낮음에 따라 그립을 짧거나 길게 잡는 것을 잊지 말라.

8) 헤드 열림과 닫힘을 확인해 셋업하고 페이스가 공을 보는 테이크어웨이 테이크백하며 정타에 집중하고 확률이 낮은 샷은 절대 하지 말라.

9) 팔과 상체에 힘 빼고 손목을 가볍게 사용, 백스윙과 다운스윙 팔로스루 크기가 같은 똑딱 어프로치를 하라.

10) 오른쪽 골반을 열며 회전 부드러운 백스윙을 하고 왼쪽 골반을 열며 회전 부드러운 다운스윙을 하라.

11) 뒤땅과 탑핑을 안 치려면 어드레스 정렬 때 체중 분배에 신경 써 셋업 하고 스윙하라.

12) 드라이버 티샷 탑핑을 안 치려면 스윙 최저점을 공 뒤로 해 올려치고, 아이언샷 탑핑을 안 치려면 최저

점을 공 앞으로 해 눌러 쳐라.

13) 드라이버 티샷 백스윙할 때는 헤드페이스가 정면을 보고 오른쪽 팔꿈치가 지면을 보고 아이언샷 백스윙 할 때는 헤드페이스가 지면을 보고 오른쪽 팔꿈치가 살짝 들리는 것이 좋다.

14) 퍼팅 그립은 견고하게 잡고 셋업하고 자신감을 갖고 내리막은 부드럽게 오르막은 강하게 치는 강약의 퍼팅을 하라.

15) 스윙아크를 상상하며 자신 있게 스윙하라. 오른팔이 강하면 뒤땅 탑볼이 된다. 왼손은 열고 오른손은 닫고 아래팔을 회전, 힘 빼고 툭 부드럽게 정타를 쳐라.

골프 스윙 핵심 기본기 다지기 8가지

헤드 중앙에 공을 정타로 맞혀 에너지를 공에 잘 전달하여 비거리를 늘리는 스매시 팩터 효율을 높여라. 더 강하게 치는 것보다 더 효율적으로 치는 것이 중요하다. 클럽이 손안의 공이라고 생각하고 팔에 힘 빼고 시원하게 헤드를 던져야 정타가 되어 공이 멀리 똑바로 간다. 이는 변하지 않는 골프 스윙의 진리다.

1) 왼쪽 어깨를 떨어뜨리며 왼손은 닫고 오른손은 열고 접는 백스윙 연습, 오른쪽 어깨를 떨어뜨리며 왼손은 열고 오른손은 닫고 손목 로테이션을 통하여 헤드 끝을 던져 임팩트 연습
2) 몸이 살짝 돌며 손목을 가볍게 사용, 뒤땅과 탑핑이 없는 똑딱 어프로치 연습
3) 오른발로 체중이동하며 5cm 더 크게 하는 백스윙, 왼발로 체중이동하고 왼쪽 골반을 타깃 방향으로 밀고 돌며 정타를 치는 크고 작은 드라이버 티샷 연습
4) 공 위치 중앙에서 공 하나 왼쪽, 두 팔을 늘어뜨려 셋업, 큰 스윙아크의 백스윙, 공 밑을 찍는 듯 쓸고 나가며 정타를 치는 크고 작은 우드 펀치샷 연습
5) 왼쪽 어깨를 떨어뜨리며 백스윙하고 오른쪽 어깨를 떨어뜨리며 두 팔이 벌어지지 않도록 모아 왼발을 딛고 클럽을 휘둘러 임팩트, 릴리즈 하는 다운스윙 연습
6) 그립을 견고히 잡고 셋업, 자신감을 갖고 내리막은 부

드럽게 오르막은 강하게 때리는 강약의 퍼팅 연습

7) 임팩트 구간(오른쪽 허리에서 왼쪽 허리)에서 손목 코킹을 지렛대로 공을 낚아채는 임팩트 연습

8) 그립 쥔 왼손을 누르며 테이크백 코킹하는 백스윙과 양어깨가 돌며 왼쪽 골반을 타깃 방향으로 빠르게 밀고 돌며 클럽을 당기는 다운스윙을 잊지 않는다. 평소 자주 사용하는 클럽은 더 많은 연습을 한다.

제5장

클럽별 스윙과 캐리 거리 비거리

골프에서 거리를 멀리 보내는 것 이상으로 중요한 것은 일정한 거리와 방향의 정확성이다. 클럽별로 일관성 있은 샷과 일정한 캐리 거리 비거리를 갖는 것이 중요하다. 클럽마다 내 거리를 갖고 일관된 샷을 하는 기본기를 반드시 익혀라. 비거리를 멀리 보낼 체력이 안 되는 골퍼는 숏게임 어프로치와 퍼팅 연습을 많이 하라. 다음은 필자의 캐리 거리와 비거리다.

1. 클럽별 3단계 내 스윙 크기와 거리

내 볼 스피드 탄도 캐리 거리 비거리

- 드라이버 캐리+런, 발사각 ~15 볼스피드 ~58

- 75% 어깨높이 스윙 180m=162+18
- 85% 귀 높이 스윙 190m=172+18
- 95% 머리높이 스윙 200m=180+20

- 5번 우드 캐리+런, 발사각 ~14 볼스피드 ~55

- 75% 어깨높이 스윙 170m=152+18
- 85% 귀 높이 스윙 180m=162+18
- 95% 머리높이 스윙 190m=170+20

- 5번 유틸 캐리+런, 발사각 ~18 볼스피드 ~51

- 75% 어깨높이 스윙 150m=134+16
- 85% 귀 높이 스윙 155m=138+17
- 95% 머리높이 스윙 160m=142+18

- 6번 I 캐리+런, 발사각 ~19 볼스피드 ~47

- 75% 어깨높이 스윙 140m=124+16

- 85% 귀 높이 스윙 145m=129+16

- 95% 머리높이 스윙 150m=133+17

- 7번 I 캐리+런, 발사각 ~21 볼스피드 ~46

- 75% 어깨높이 스윙 130m=114+16

- 85% 귀 높이 스윙 135m=118+17

- 95% 머리높이 스윙 140m=123+17

- 8번 I 캐리+런, 발사각 ~23 볼스피드 ~44

- 75% 어깨높이 스윙 120m=106+14

- 85% 귀 높이 스윙 125m=110+15

- 95% 머리높이 스윙 130m=115+15

- 9번 I 캐리+런, 발사각 ~25 볼스피드 ~42

- 65% 가슴높이 스윙 105m=93+12

- 75% 어깨높이 스윙 110m=98+12

- 85% 귀 높이 스윙 115m=100+15

- 95% 머리높이 스윙 120m=105+15

• P웨지 캐리+런, 발사각 ~28 볼스피드 ~39

- 65% 가슴높이 스윙 90m=80+10
- 75% 어깨높이 스윙 95m=85+10
- 85% 귀 높이 스윙 100m=90+10
- 95% 머리높이 스윙 105m=95+10

• A웨지 캐리+런, 발사각 ~33 볼스피드 ~36

- 65% 가슴높이 스윙 80m=75+5
- 75% 어깨높이 스윙 85m=80+5
- 85% 귀 높이 스윙 90m=85+5
- 95% 머리높이 스윙 95m=90+5

• S 56도 캐리+런, 발사각 ~40 볼스피드 ~33

- 65% 가슴높이 스윙 65m=60+5
- 75% 어깨높이 스윙 70m=65+5
- 85% 귀 높이 스윙 75m=70+5
- 95% 머리높이 스윙 80m=75+5

- S 60도 캐리+런, 발사각 ~50 볼스피드 ~27

- 65% 가슴높이 스윙 45m=42+3

- 75% 어깨높이 스윙 50m=47+3

- 85% 귀 높이 스윙 55m=52+3

- 95% 머리높이 스윙 60m=57+3

제6장

이해하고 익혀야 할 7가지 과제

골프 스윙 메커니즘(작용 원리 기술)을 이해하고 깨닫지 못하면 골프를 잘할 수 없다. 모든 성공은 실수하고 실패하며 그 원인을 이해하고 깨닫는 속에서 만들어진다. 꾸준한 연습을 통하여 스윙 메커니즘을 깨닫고 영리한 골프를 해야 한다. 골린이는 물론 보기 플레이어, 싱글 플레이어, 프로골퍼 모두에게 해당되는 말이다.

샷을 고치려면 과할 정도로 샷 동작을 바꿔 연습하고 결과를 분석하여 고치면 된다. 초급 골퍼가 어프로치 능력을 올리면 5타는 쉽게 줄일 수 있고, 퍼팅 능력을 올리면 5타는 쉽게 줄일 수 있고, 코스 매니지먼트, 마인드 컨트롤을 잘하면 10타도 줄일 수 있다. 처음 가는 곳을 가려면 어디로 어떻게 가는지 알고 가면 바로 쉽게 갈 수 있다. 다음 7가지 기본 테크닉을 연습하고 익히면 누구나 고수가 될 수 있다.

과제 1 - 백스윙 다운스윙 기본에 충실하게

골프는 회전운동이라고 한다. 골반, 몸통, 양팔, 클럽이 함께 회전하는 샷의 중요성을 말한다. 샷의 기본은 몸의 중심축을 잡고 힘 빼고 헤드 무게를 느끼며 상하체를 꼬는 몸통회전을 확실하게 해야 한다. 왼쪽 어깨를 떨어뜨리며 밀고 오른팔을 당겨 테이크어웨이, 테이크백 코킹과 힌징하며 꼬임이 많은 백스윙을 한다. 백스윙 탑에서 잠시 멈추고 힘을 빼고 상체를 숙이고 꼬임을 풀며 오른쪽 어깨를 떨어뜨리고 타깃 방향으로 회전하며 클럽을 던지고 놔주며 공을 똑바로 맞히는 다운스윙 임팩트를 하면 좋은 샷이 된다. 몸의 중심축을 잡고 회전하며 스윙하면 정타가 된다.

백스윙의 기본은 오른발 뒤꿈치를 밟고 오른쪽 골반과 왼 어깨가 돌며 오른팔을 당겨 접는 스윙이고, 다운스윙의 기본은 왼발 앞꿈치를 밟고 왼쪽 골반과 오른쪽 어깨가 돌며 두 팔을 휘둘러 클럽헤드를 던지는 스윙이다. 이때 백스윙 탑에서 멈추고 머리와 몸의 균형을 잡고 몸이

돌며 일관된 리듬템포로 다운스윙 하면 굿샷

• **몸의 중심축과 머리를 잡고 다운스윙**

땅에 공을 칠 때는 띄우겠다는 생각으로 걷어 올리는 샷을 하면 안 된다. 왼쪽 골반을 밀고 열며 어깨 팔과 손에 힘을 빼고 척추각을 유지하고 몸의 중심축과 머리를 잡고 몸통, 팔, 클럽이 같이 돌며 헤드페이스로 공을 눌러 친다. 이때 조금이라도 걷어 올리려는 생각을 갖고 스윙을 하면 그 샷은 뒤땅이나 탑핑이 된다.

헤드스피드는 코킹과 손목 스냅을 이용해 망치를 내려치듯 헤드를 빠르게 던지면 스피드는 빨라진다. 왼쪽 다리로 벽을 만들고 밀리지 않도록 하여 몸의 중심축과 머리를 잡고 다운스윙 임팩트, 왼팔을 접는 팔로스루, 피니시 한다. 백스윙부터 팔로스루까지 척추각을 유지하며 오른쪽 골반을 열며 백스윙하고 왼쪽 골반을 열며 다운스윙한다.

과제 2 - 골프 제1의 경쟁력 퍼팅

골프의 승부는 마지막 퍼팅이 결정한다. 골프는 퍼팅을 잘하는 골퍼가 승산이 높다. 퍼팅의 핵심은 정성과 집중과 멘탈이다. 퍼팅은 그립을 견고하게 잡고 척추를 많이 숙여 몸의 무게중심을 발 앞에 두고, 공 위치 왼쪽 눈 밑, 양어깨를 수평으로 해 공과 멀거나 가까이 서지 않고 셋업, 어깨를 움직여 머리를 들지 않고 코킹 없이 공을 똑바로 때린다. 내리막은 부드럽게 오르막은 강하게 때리는 강약의 퍼팅을 한다. 소심한 퍼팅은 타수를 잃는다. 감속하지 않고 약간 빠른 템포로 때리며 내리막은 붙이고 오르막은 지나가는 퍼팅을 한다.

퍼팅할 때 공을 보려고 머리를 들거나 돌리는 헤드업은 퍼팅 임팩트 때 변화가 생겨 공이 똑바로 맞지 않는다. 라이를 바로 보고 똑바로 쳐도 헤드업 때문에 똑바로 맞지 않는다. 등과 어깨의 작은 움직임으로 짧은 거리는 톡 때리고 중장거리는 약간 빠르기로 딱 때리며 팔로스루를 길게 하며 자신 있게 스트로크를 한다.

과제 3 - 실수를 기회로 바꾸는 어프로치

타수를 줄이는 방법은 퍼팅 다음으로 어프로치를 잘해야 한다. 어프로치는 정답이 없다고 말들 한다. 샷 방법이 다양하다는 뜻이다. 어프로치는 실수를 기회로 바꾸는 기술이며 그린 주위에서 버디를 만들기도 한다. 먼저 굴릴 것인지 띄울 것인지를 잘 판단하여 클럽 선택을 하고 공 놓인 자리에 따라 달라져야 하는 라이각, 로프트각, 공 위치를 중요하게 생각하고 셋업 한다.

그린 주위에서 굴리는 어프로치를 할 때는 스탠스는 좁게 하고 노 코킹하고 토우를 지면에 붙이고 9, 8, 7번 아이언으로 퍼팅하듯 어프로치 한다. 띄우는 어프로치 스탠스는 약간 넓게 서고 페이스를 많이 열고 스핀이 많이 걸리는 샷을 한다. 중장거리는 비례적으로 알맞게 코킹하고 부드럽고 가벼운 스윙으로 거리를 조절한다. 30m 미만 칩샷 할 때는 낮은 탄도로 굴리는 어프로치가 좋다. 짧은 거리 어프로치는 헤드를 가파르게 들어 헤드를 잘 떨어트린다.

▲ 웨지 어프로치 달인이 돼라. 왼쪽 골반을 살짝 열고 왼발을 뒤로 빼고 척추를 숙여 무릎을 살짝 구부리고 몸 앞에서 양팔을 삼각형으로 만들어 오픈스탠스, 헤드페이스로 공을 눌러 치는 임팩트, 이때 클럽을 타깃 방향으로 던지며 헤드페이스가 하늘을 보고 팔로스루를 하면 공이 잘 뜨고 땅을 보고 팔로스루하면 공이 덜 뜨고 런이 많다. 공 위치는 오른발 엄지를 벗어나지 않고 핸드포워드 셋업, 체중은 무조건 왼발 70%, 골반을 살짝 움직이고 손목을 안 쓰거나 조금 쓴다. 공 위치와 탄도에 따라 비거리 예측하고 거리를 맞춘다.

과제 4 - 아이언샷을 잘하면 고수

그린 적중률을 높여야 타수를 줄일 수 있고 그린 적중률을 높이려면 아이언샷을 잘해야 한다. 아이언샷은 체중 왼쪽 70%, 필요한 그립을 잡고 양손은 공보다 왼쪽에 두고 핸드포워드 셋업, 공 앞을 최저점을 향해 눌러 친다. 로프트각 라이각을 맞추고 셋업, 빈 스윙해 보기, 헤드 무게를 이용해 코킹과 힌징, 테이크백 하고 백스윙 탑에서 멈추고 척추를 숙이고 오른쪽 어깨를 떨어뜨리고 왼쪽 골반이 돌며 코킹한 손목각을 유지해 래깅과 릴리즈, 손목에 힘을 빼고 헤드 무게를 이용해 공을 눌러 친다.

과제 5 - 힘 빼고 툭 부드럽게 정타를 쳐라

정타를 치려면 내 샷의 잘못된 점을 알고 계획적이고 집중적으로 연습하라. 힘 빼고 두 팔을 늘어뜨려 셋업, 확실하게 백스윙하고 양쪽 겨드랑을 붙이고 힘 빼고 툭 부드럽게 정타를 치면 훅 또는 슬라이스가 없어진다.

타수 관리에 가장 중요한 퍼팅 연습, 숏게임 연습을 많이 하고 누구나 어렵게 느끼는 우드샷, 유틸샷 연습 시간을 늘려 샷 정확성을 높이고 생각하는 스윙 연습을 통하여 자기계발하는 골퍼가 미래지향적 골퍼다.

과제 6 - 핵심 경쟁력 티샷과 코스 매니지먼트

드라이버 티샷은 무조건 살리고 영리한 골프를 하라. 골프는 체력보다 기술, 기술보다 전략이 더 중요한 스포츠다. 골프는 샷의 정확성과 코스 매니지먼트, 즉 전략이 중요하다. 올바른 셋업, 욕심 없는 일관된 간결한 스윙과 일정한 비거리를 갖는 것이 관건이다. 거리가 덜 가더라도 힘들이지 않고 간결한 스윙으로 똑바로 정확하게 보내는 샷이 솔루션이다. 특히 아이언 웨지 어프로치는 힘 빼고 간결한 샷으로 성공률을 높여라. 체력과 유연성이 떨어지는 골퍼일수록 어프로치와 퍼팅을 잘하고 올바른 코스 매니지먼트와 영리한 골프를 하라.

미스 샷의 원인은 공을 더 멀리 보내려는 욕심 때문에 샷이 급해지고 몸에 힘이 들어가 스윙이 뻣뻣해져 뒤땅, 탑핑 등 다양한 미스 샷이 된다. 스윙 메커니즘을 이해하고 팔과 어깨에 힘을 빼고 코킹과 힌징하고 클럽을 등 뒤로 넘기며 오른팔을 접는 백스윙, 반 템포 멈추며 힘 빼고 골반 회전을 시작으로 왼발을 딛고 누르며 양어깨가 돌며 클럽헤드를 던져 정타를 치고 왼팔을 접는 간결한 스윙이 관건이다.

- ▲ 어깨에 힘 빼고 늘어뜨려 셋업, 한 클럽 크게 잡고 힘 빼고 부드럽게 정타를 친다.
- ▲ 팔과 어깨에 힘 빼고 오른팔을 접는 백스윙, 부드럽고 빠르게 래깅과 릴리즈, 오른팔을 뻗고 손목 스냅을 이용 최저점을 향해 헤드를 던져 공을 낚아채는 임팩트
- ▲ 몸통이 팔을 리드하고 팔이 클럽을 리드하는 스윙을 한다. 코킹과 힌징을 이용해 공을 때린다.
- ▲ 골프는 골반 회전이 매우 중요하다. 접었던 오른팔을 뻗어 클럽을 던지고 힌징을 더하는 느낌으로 래깅하며 임팩트 때 헤드를 뿌리는 방향이 목표 방향과 맞아야 하고 왼팔을 접는 팔로스루 피니시 한다.
- ▲ 드라이버는 멀리 보내는 목적의 클럽이고 아이언은 정확성 목적의 클럽으로, 드라이버는 스핀량을 줄이고 아이언은 스핀량을 늘리는 샷이 좋다.

과제 7 - 승패를 결정하는 멘탈

나쁜 생각을 버리고 편안한 마음으로 골프를 즐겨라. 미스 샷은 침착하지 못함, 집중력 부족, 과욕, 불안, 초조, 근심, 걱정, 긴장, 자만에서 시작된다. 샷은 생각한 것을 몸과 팔에 전달하여 움직인다. 따라서 스윙할 때 생각이 많으면 샷을 망친다.

긍정의 멘탈로 즐기는 골프를 하는 것이 골프를 잘하는 것임을 알면서도 거리와 타수에 집착하다 골프를 망친다. 욕심 때문에 망치고 근심 걱정 때문에 망치고 소심함 때문에 망친다. 골프에서 나쁜 멘탈은 스코어에 결정적인 나쁜 영향을 미친다.

욕심내지 말고 서두르지 말고 자만하지 말고 남과 비교하고 불안해하지 말라. 고수는 셋업을 하고 샷을 마칠 때까지 집중력을 잃지 않고 많은 생각을 하지 않고 욕심을 버리고 즐기는 골프를 한다.

18홀의 긴 코스를 거치다 보면 누구든지 실수한다. 경기 상황이 수시로 바뀌는 운동이 골프다. 특히 아마추어는 첫 홀부터 끝날 때까지 서두르지 않고 불안, 초조해하지 않고 욕심내지 말고 자만하지 말고 침착하고 비거리와 타수에 집착하지 말고 심박수를 낮추고 편안한 마음을 가지면 나도 모르게 공이 잘 맞는다.

한 번 실수하면 두 번 실수해도 괜찮다는 여유를 갖고, 두 번 실수하면 한 번 더 실수해도 괜찮다고 더 침착하게 샷을 하고, 세 번 실수하면 오늘 예상했던 실수를 했으니 괜찮다는 생각을 하고, 만약 네 번 실수를 하면 어프로치, 퍼팅을 한 번 더 잘하면 된다는 긍정의 마인드 컨트롤을 한다. 항상 욕심이 화를 부르고 소심함이 게임을 망친다. 컨디션 관리를 잘하고 집중력을 유지하고 마인드 컨트롤을 잘하고 욕심을 내려놓고 연습하던 대로 샷을 하고 자신 있게 퍼팅하는 골퍼가 승자가 된다. 멘탈이 무너지면 5타 10타 이상도 잃어버린다. 골프는 욕심 때문에 망치고 소심해서 망친다. 특히 시니어는 긍정의 멘탈로 즐기는 골프를 하라.

제7장

스크린 골프를 잘하는 요령

스크린 골프 종주국은 한국이다. 현재 전 세계 80개국 이상의 나라에 진출하고 있다. 우리나라는 종주국답게 스크린 골프를 하는 사람들이 날로 폭발적으로 늘고 있다. 스크린 골프는 운영회사의 시뮬레이션 기술력에 따라서 샷을 한 결과가 다소 다르게 나타난다. 따라서 스윙한 결과가 실제와 차이가 적고 현실감이 있어야 실감을 더하게 된다. 그러므로 특별한 이유가 없다면 가급적 시뮬레이션 기술이 앞선 브랜드 회사의 스크린 골프장을 이용하는 것이 좋다.

다음은 스크린 골프를 할 때 필자가 터득한 샷 하는 요령 몇 가지다.

1. 스크린 페어웨이 벙커에서 샷 하는 요령

나는 공이 벙커에 들어갔을 때는 벙커 매트에서 샷을 하지 않고 페널티를 받고 페어웨이 매트에 놓고 샷을 한다. 90% 이상 그렇게 샷을 한다. 샷 한 결과가 유리하기 때문이다. (페어웨이 벙커는 그린과 멀리 떨어져 있는 벙커고 그린 벙커는 그린 주위에 있는 벙커다.)

페어웨이 벙커 페널티는 페어웨이 매트에 놓고 샷 한 거리에서 20%를 삭감한다.

예) 내가 친 거리가 100m를 보냈다면 20% 삭감한 거리, 즉 20m를 감해 80m를 보낸 것이 된다. 그런데 남은 거리가 95m이고 오르막이 5m이면 벙커에서 칠 거리가 100m다. 이때 벙커 매트가 아닌 페어웨이 매트에 놓고 친다면 규정상 페널티로 20% 삭감하면 몇 미터를 쳐야 100m를 간 것으로 인정할까? 120m 쳐야 한다고 생각하면 틀렸다.

만약 120m를 쳤다고 가정해서 페널티로 20%를 감하면 24m를 감해 96m 간 것이 된다. 그러면 4m 짧게 된다. 그렇다면 내가 몇 미터를 쳐야 페널티를 받고 100m를 가게 될까 생각하면 된다. 얼마를 쳤더니 페널티 20%를 감하고 80%만 인정한 거리, 100m÷0.8(인정하는 80%)=125m 쳐야 한다. 125m를 쳤다면 페널티 20% 감해, 즉 25m를 감하고 100m가 되는 것이다. 따라서 페어웨이 벙커에서 쳐야 할 거리가 정해지면 그 거리를 0.8로 나누든가 그 거리에 25%를 더해서 치면 된다. 즉 페어웨이 벙커에서 칠 거리가 100m이면 페널티 거리는 100m×0.25=25m가 되므로 페어웨이 매트에서 공을 친다면 100m+25m=125m 치면 된다. 다시 말해 페널티는 내가 친 거리(결과)에서 20%를 감하는 것으로 이해해야 한다. 칠 거리를 80%, 즉 0.8로 나누면 페어웨이 매트에서 칠 거리다. 100÷0.8=125m

예) 칠 거리가 80m라면 페널티 거리는 16m 아닌 20m가 되어 80+20=100m 칠 거리다. 100m를 쳤더니 페널티로 20% 삭감하고 80m 된다. 칠 거리가 120m이면 144m가 아니라 150m를 쳐야 한다. 이런 내용을 이해했다면 벙커샷은 벙커 매트가 아닌 페어웨이 매트에 놓고 샷을 하는 것이 많이 유리하다. 몇 번만 해 보면 거리 계산이 빨라진다.

2. 스크린 그린벙커에서 샷 하는 요령

그린 주위에 있는 그린 벙커에 공이 들어갔다면 나는 벙커 매트에서 샷을 하지 않고 90% 이상 페어웨이 매트에서 샷을 한다. (벙커 매트보다 헤드가 훨씬 잘빠져 샷 하기가 좋고, 페널티를 더해도 칠 거리가 얼마 안 되기 때문이다.) 그린 벙커에 공이 들어갔을 경우에 페어웨이 매트에서 샷을 하면 페널티로 친 거리에서 40% 삭감한다. 예를 들어 벙커에서 홀컵까지 거리가 높낮이를 포함해 20m 된다면 얼마를 쳐야 할까? 20m에 40%, 즉 8m를 더해 28m를 친다면 오답이다.

검산해 보라. 28m를 쳤다고 가정하면 40% 페널티로 삭감하고 60% 인정, 16.8m를 친 것이 되어 3.2m 짧게 된다. 그러면 얼마를 쳐야 할까? 앞서 학습한 방법대로 계산하면 된다.

20÷60%=20÷0.6=33.3m 쳐야 한다. 쉽게 계산한다면 40%가 아니라 벙커에서 쳐야 할 거리에 70%(정확히

67%) 더해서 친다. 그린 벙커에서 쳐야 할 거리가 20m면 20×70%=14m 더한 20+14=34m를 페어웨이 매트에 놓고 치면 페널티 40%를 감해 20.4m, 즉 20m 간다. 벙커에서 칠 거리가 30m면 페어웨이 매트에 놓고 42m 아니고 50m 친다.

※ 결론적으로 페어웨이 벙커일 때는 쳐야 할 거리에 25% 더해 치고, 그린 벙커는 쳐야 할 거리에 70%를 더해 치면 된다.

3. 스크린 러프에서 샷 하는 요령

공이 러프에 들어갔을 때는 러프 매트에서 치든가 페어웨이 매트에 놓고 10% 페널티를 받고 치면 되는데, 나는 페널티를 받고 매번 페어웨이 매트에서 친다. 샷을 한 결과가 더 좋아지기 때문이다. 페널티로 10%를 삭감하기 때문에 거리 차이가 크지 않고 페어웨이 매트가 샷 하기 좋기 때문이다. 쳐야 할 거리를 계산하는 방법은 앞서 설명한 바와 같다. 다시 말해 러프에서 쳐야 할 거리에 11%를 더해 치면 되는데 계산이 어려우면 10% 정도 더 치면 오차가 적다.

4. 스크린 골프 퍼팅 요령

오르막 퍼팅할 때

스크린 화면에 퍼팅 거리와 지면의 높낮이를 보고 퍼팅 거리를 계산해 퍼팅한다. 예를 들어 거리가 5m, 높이 0.2(20cm)이면 5+3=8m, 즉 8m 퍼팅한다. (골퍼마다 약간 가감하는 차이가 있지만 내가 퍼팅하는 경우다.) 표기된 지면 높이에 1.5배 한 것에 10배 한 것을 더한 것이 퍼팅할 거리다.

거리 8m, 높이 0.3m이면(0.3×1.5)×10배=4.5m, 8+4.5m =12.5m 퍼팅한다.

거리 10m 높이 0.24m이면 0.24×1.5×10배=3.6m/10m +3.6m=13.6m 퍼팅한다.

거리 12m 높이 1.06m이면 1.06×1.5×10=16m 더한 12+16=28m 퍼팅, 오르막 퍼팅은 칠 것을 계산 후 약 30~50cm를 추가로 더해 퍼팅하면 좋다. 오르막이든 내리막이든 모든 퍼팅을 할 때는 감속하거나 클럽을 잡지 않고 봐주는 퍼팅을 한다.

▲ 퍼팅하는 사람에 따라서 지면의 높낮이에 1배를 더하거나 빼는 사람과 2배를 더하거나 빼는 사람이 있는데 그 사람의 리듬템포에 따라서 달라질 수 있다. 내 경우에는 중간값 1.5배를 더하거나 뺀다.

내리막 퍼팅할 때

내리막 퍼팅은 오르막 퍼팅과 같은 개념으로 거리를 계산해 빼 주면 퍼팅할 거리가 된다.
예) 스크린에 거리 5m, 내리막이 0.2m이면 0.2×1.5×10=3m, 즉 5m-3m=2m 퍼팅하면 5m 간다. 다만 나는 조금 짧을 수도 있다고 생각해 쳐야 할 거리에 따라 20~50cm를 추가로 더해 퍼팅한다. 지나가야 들어가고, 조금 더 간다고 해도 OK를 받기 때문에 나는 좀 더 길게 친다. 하지만 내리막인 경우는 예외가 있다. 퍼팅할 거리를 계산해 보면 쳐야 할 거리가 없거나 너무 짧은 경우가 있는데 그 거리를 치면 홀컵까지 못 가는 경우가 있다. 이런 상황에서는 스크린에서 퍼팅 경험을 통해 계산보다 조금 더 치는 요령을 터득해야 한다.

▲ 참고로 몇 컵을 보라고 하거나 한 클럽보다 더 보고 퍼팅하라고 할 때 퍼팅 라인을 맞추고 퍼팅하는 방법을 글로 설명하려면 어려움이 있어 생략하기로 하고 종합 포털 사이트에서 스크린 골프 퍼팅을 검색하면 많은 동영상이 나온다. 거기서 이해하기 쉬운 영상을 선택해서 학습하면 이해할 수 있다. 요즘은 매트 끝에 퍼팅할 방향에 불이 들어와 그곳에 퍼팅 라인을 맞추고 퍼팅하면 되는데 정확성이 조금은 떨어진다.

5. 스크린 골프 실수를 덜 하려면

▲ 골프는 퍼팅이 가장 중요한 무기다. 퍼팅 성공률을 높이려면 공을 홀컵에 가까이 붙이고 오르막 퍼팅을 남기는 샷을 하는 것이 좋다.

▲ 퍼팅은 무릎을 구부리지 않고 하체와 골반을 고정하고 상체를 많이 숙여, 팔과 퍼터 샤프트를 일직선으로 하고 등과 어깨를 움직여 퍼팅한다.

▲ 소심한 퍼팅은 금물, 자신 있게 홀컵을 지나가는 퍼팅 연습을 많이 한다.

▲ 클럽을 평소보다 짧게 잡거나 짧은 클럽으로 샷을 할 경우는 탑핑 가능성이 있고 평소보다 길게 잡거나 긴 클럽으로 샷을 할 경우는 뒤땅 칠 가능성이 있다.

▲ 공이 발보다 높게 있거나 오른발이 왼발보다 높으면

뒤땅 칠 가능성이 있고, 공이 발보다 낮거나 오른발이 왼발보다 낮으면 탑핑 가능성이 높아 주의해야 한다.

▲ 아마추어는 캐리와 런 거리를 모르고 샷을 해 실수하는 경우가 많다. 클럽마다 일정한 캐리 거리, 런 거리를 갖고 일관된 샷을 해야 한다.

▲ 그린의 빠르고 느림 상태에 적응을 못 하거나 퍼팅할 거리를 잘못 계산해 실수하는 경우가 많다. 컨시드 범위에서 길게 퍼팅하는 습관을 갖는다.

▲ 공을 보낼 위치와 거리를 정확하게 파악하지 못하고 샷을 해 실수하는 경우가 많다.

▲ 샷 하는 위치보다 높게 있는 그린(포대그린)을 공략하는 요령을 몰라서 실수한다. 모든 샷의 캐리 거리와 런 거리를 알고 그린을 알면 실수를 줄일 수 있다.

▲ 그린의 남은 거리가 멀리 남았을 때 핀을 직접 공략하

면 실수할 가능성이 많다. 앞 핀일 때는 조금 더 보내고 뒤 핀일 때는 덜 보내고, 좌측이나 우측 핀일 때는 그린 중앙을 공략하는 것이 좋다. 그린 홀컵이 가까이 남았을 때는 핀이 어디에 있든지 핀을 직접 공략한다.

▲ 벙커에 공이 들어갔을 때는 페널티를 받고 페어웨이 매트에서 샷 하는 것이 훨씬 유리하다.

▲ 어프로치 할 때 연습량이 부족한 골퍼가 띄우는 플롭샷이나 로브샷, 굴리는 칩샷이나 피치샷을 하다 실수를 한다. 솔루션은 많은 연습뿐이고 연습량이 부족한 골퍼는 한 가지만이라도 잘할 수 있도록 집중해 연습한다. 또한 앞장에서 설명한 대로 러프에 공이 들어갔을 때 러프 매트에서 샷을 하면 정확성이 떨어지는 샷이 된다. 스크린 어프로치는 무조건 페널티를 받고 페어웨이매트에서 샷 하는 것이 더 유리하다.

▲ 샷의 정확성이 떨어지는 초보자가 스윙플레이트(스윙발판)의 움직임에 적응을 못 해 발생하는 흔한 실

수, 즉 스윙플레이트가 높게 낮게 좌우로 기우는 상태로 움직여 공이 발보다 높거나 낮거나 옆으로 발판이 많이 기울어진 상태에서 힘이 들어간 샷을 하다 탑핑, 뒤땅, 훅, 슬라이스, 쉥크 등 실수하는 경우는 매우 흔하다. 이런 상황에 대처할 수 있도록 연습하고 클럽 선택을 잘하여 정타를 맞히는 샷에 집중하면 실수를 줄일 수 있다.

[붙임]

간추린 골프 스윙 기본기

골프는 공을 멀리 보내는 것 이상으로 똑바로 정확하게 보내는 샷이 중요하다. 어깨, 팔, 손목에 힘을 빼고 간결한 스윙으로 공을 정타로 맞히는 샷 기본기, 어프로치, 퍼팅 연습을 많이 하라. 분기별, 월별, 주간별 계획을 세우고 꾸준히 연습하라. 이는 골프를 시작한 골린이는 물론 보기 플레이어, 싱글 플레이어, 프로 골프 모두 해당되는 말이다. 다음 간추린 핵심 기본기만 익혀도 좋은 샷을 할 수 있고 고수가 될 수 있다.

셋업부터 힘 빼고 확실하게

손, 손목, 팔, 어깨에 힘을 빼고 가급적 뉴트럴 그립을 잡고 두 팔을 자연스럽게 늘어뜨려 셋업 하라. 목표 방향과 공과 헤드페이스를 일자로 맞추고, 골반과 어깨를 정렬하고, 척추를 숙이고 앞발바닥에 힘을 주고 가슴으로 공을 보고, 오른쪽 어깨를 살짝 열고 기울여 숨을 크게 휴~ 내쉬고 팔을 늘어뜨려 왼손 엄지 검지에 힘을 빼고 나머지 세 손가락에 힘을 주고 그립을 잡고 공과 거리를 맞춰 샷에 맞는 스탠스, 상황에 맞게 셋업부터 확실하게 하라.

▲ 스탠스에는 페이드나 슬라이스를 유도하는 오픈 스탠스, 드로우나 훅을 유도하는 클로즈 스탠스, 똑바로 유도하는 스퀘어 스탠스가 있다.

▲ 왼손 엄지 검지에 힘을 빼고 나머지 세 손가락에 힘을 주고 뉴트럴 그립을 잡는다.

왼쪽 어깨를 떨어뜨리며 확실하게 백스윙

헤드를 똑바로 빼는 테이크어웨이, 몸의 중심축을 잡고 돌며 왼쪽 어깨를 떨어뜨리고 그립 쥔 왼손바닥을 누르며 오른손은 열고 왼손은 닫고 코킹과 힌징하고 양쪽 겨드랑을 붙이고 클럽 팔 몸통이 같이 돌며 헤드페이스가 45도 하늘을 보며 클럽을 등 뒤로 던져 오른팔을 접고 딸깍, 코킹 한 번 더하며 멈추고 힘이 빠진 것을 느끼고 오른발 밟고 확실하게 백스윙한다. 이때 오른쪽 겨드랑이 벌어지고 오른쪽 다리가 펴지고 회전이 덜 되면 안 된다.

오른쪽 어깨를 떨어뜨리며 부드럽게 다운스윙

백스윙 탑에서 힘이 빠진 것을 느끼며 코킹을 확인하고 다운스윙을 시작하라. 척추각을 유지해 머리를 공 뒤에 두고 몸의 중심을 잡고 골반 몸통을 타깃 방향으로 살짝 밀고 돌며 양쪽 겨드랑을 붙이고 손목각을 유지해 왼팔 왼손을 왼쪽 허벅지까지 끌고 내려오는 다운스윙을 시작으로 오른손은 닫고 왼손은 열며 척추를 숙이고 회전하며 오른쪽 어깨를 떨어뜨리며 부드럽고 간결한 리듬으로 다운스윙 한다. 이때 스윙이 급하고 오른쪽 무릎이 튀어나오고 일어서며 배치기를 하면 안 된다.

- **중요한 다운스윙 기본기**

1) 골반 몸통을 타깃 방향으로 살짝 밀고 돌며 왼발을 딛고 왼팔 왼손을 왼쪽 허벅지까지 끌고 내려오는 래깅과 부드럽고 간결한 리듬으로 다운스윙 임팩트 한다.

2) 스윙아크를 상상하며 클럽을 던져라. 오른팔만 강하고 빠르면 뒤땅, 탑볼이 된다. 왼팔로 클럽을 당기고 오른팔을 뻗어 정타를 치는 임팩트에 집중하라.

3) 임팩트 구간(오른쪽 허리에서 왼쪽 허리)에서 손목에 힘 빼고 코킹을 지렛대로 이용해 공을 낚아채라.

4) 돌을 던지듯 어깨높이에서 시원하게 헤드를 던져 헤드페이스 중앙에 공을 맞혀라.

5) 스윙의 정석

- 골프는 골반 회전이 매우 중요한 테크닉
- 아웃인으로 엎어 치는 다운스윙은 나쁜 스윙
- 백스윙 다운스윙 스피드가 같으면 좋은 스윙
- 백스윙 탑에서 딸깍, 코킹 한 번 더 하고 힘 빠진 것을 느끼며 다운스윙을 하면 좋은 스윙
- 몸이 돌며 척추각 유지하고 백스윙, 몸이 돌며 타깃 방향으로 시원하게 헤드를 던지는 다운스윙

왼발을 밟고 정타에 집중해 다운스윙하라

왼발을 밟고 다운스윙하며 정타를 쳐라. 골프 스윙은 군더더기 없이 자연스럽게 몸이 돌고 테이크어웨이 테이크백, 코킹과 힌징하며 클럽을 등 뒤로 던지며 오른팔을 감아 접는 백스윙, 백스윙 탑에서 딸깍, 코킹 한 번 더 하고 힘이 빠진 것을 느끼며 멈춘다. 골반 몸통을 타깃 방향으로 살짝 밀고 돌며 왼발을 딛고 누르며 오른쪽 팔꿈치를 옆구리에 붙이고 척추를 숙이고 오른쪽 어깨를 떨어뜨리며 임팩트 구간에서 오른팔을 뻗어 왼발을 밟고 정타에 집중해 다운스윙 하면 뒤땅과 탑핑이 없는 좋은 다운스윙이 된다. 다만 드라이버와 아이언 릴리즈 포인트는 다소 다르다. 드라이버는 아이언보다 조금 일찍 오른쪽에서 완만하게 릴리즈 하는 것이 좋고 아이언은 드라이버보다 조금 늦게 몸 앞쪽에서 가파르게 릴리즈 하는 것이 좋다.

백스윙과 다운스윙의 핵심 기본기

팔과 상체에 힘 빼고 왼쪽 어깨를 떨어뜨리며 그립 끝을 왼손바닥으로 누르고 밀며 코킹하고 오른팔은 당겨 접는 간결한 백스윙과 타깃 방향으로 골반을 밀고 몸통이 돌며 왼팔은 당기고 공을 향해 오른팔은 빠르고 힘 있게 뻗어 정타를 쳐라. 정타를 치려면 샷 방법에 맞게 이상적으로 몸통회전하며 백스윙하고 왼발을 딛고 누르며 몸통, 팔, 클럽이 같이 빠르게 돌며 배꼽 아래에 공을 두고 아래팔을 뻗고 클럽을 빠르고 힘 있게 던져 정타를 친다.

백스윙의 핵심은 왼쪽 어깨를 떨어뜨리고 그립 끝을 왼손바닥으로 누르며 코킹하고 클럽을 등 뒤로 넘기고 멈춰 힘 빼는 것이고, 다운스윙의 핵심은 양쪽 겨드랑을 붙이고 래깅 릴리즈하고 확실하게 왼발로 체중이동, 왼발을 딛고 누르며 오른쪽 어깨를 떨어뜨리며 접었던 오른팔을 빠르게 뻗어 힘 있게 정타를 치는 것이다.

필요한 기본기를 알고 익혀라

골퍼들은 열심히 연습한다고 하지만 10년, 20년의 세월이 지나도 별 진전이 없는 이유가 뭘까? 나에게 필요한 기본기가 무엇인지 알지 못하고 비거리에만 집착한 연습을 하기 때문이다. 골프를 잘하려면 먼저 스윙 메커니즘을 깨닫고 내가 잘하고 못하는 것이 무엇인지 알고 내게 무엇이 더 중요하고 필요한지 깨닫고 연습을 하라.

1) 골반을 빼고 척추를 숙이고 앞 발바닥에 체중을 싣고 팔과 어깨에 힘 빼고 늘어뜨려 뉴트럴 그립을 잡고 셋업하기
2) 그립 잡은 왼손바닥을 누르며 코킹하고 오른팔을 감아 접고 클럽을 등 뒤로 넘겨 쟁반 받쳐 들듯 부드럽게 백스윙하고 왼쪽 골반 몸통을 타깃 방향으로 살짝 밀며 회전, 오른쪽 어깨를 떨어뜨리고 왼발을 딛고 손목 로테이션을 통하여 헤드를 던져 임팩트 연습
3) 스윙아크를 그리며 왼팔은 당기고 오른팔은 뻗어 힘 빼고 클럽을 부드럽고 헐렁하게 던지는 헐랭이샷 연습

4) 척추각을 유지, 몸통회전하며 돌을 던지듯 클럽을 시원하게 던지고 잡지 말고 놓아주는 다운스윙 연습
5) 확실하게 코킹하는 백스윙과 올바른 스윙 궤도를 그리며 클럽을 부드럽게 던지는 아이언샷 웨지샷 연습
6) 백스윙과 다운스윙 팔로스루 크기를 1:1 비율로 하는 일관된 템포의 똑딱 어프로치 연습
7) 헤드 무게를 느끼며 다운블로우, 헤드 바닥으로 공 밑을 쓸고 나가며 정타를 치는 유틸 우드샷 연습
8) 그립 쥔 왼손을 누르며 테이크백 코킹하는 백스윙과 양어깨가 돌며 왼쪽 골반을 타깃 방향으로 빠르게 밀며 그립 끝이 직선이 아닌 아치를 그리며 임팩트 하면 힘 빼고 툭 쳐도 공이 멀리 가는 드라이버 티샷 연습
9) 퍼팅 그립은 견고히 잡고 셋업, 내리막은 부드럽게 오르막은 강하게 때리는 강약의 퍼팅연습
10) 레이디 시니어는 숏게임 어프로치, 퍼팅, 정타를 치는 연습을 집중적으로 하라.

두 팔에 힘 빼고 부드럽게 클럽을 빵 던져라

골프를 하며 배우고 익혀야 하는 것은 땅에 있는 공을 똑바로 맞히는 기술이다. 척추를 숙이고 몸이 돌며 오른팔을 접고 접었던 팔을 뻗어 자신 있게 클럽을 던져라. 이때 왼발로 체중이동하며 왼다리를 벽으로 해 백스윙 탑에서 오른 팔꿈치를 옆구리에 붙이고 두 팔에 힘 빼고 클럽을 끌어내리는 래깅과 스윙 최저점을 향해 부드럽게 클럽을 빵 던지는 다운스윙이 관건이다.

골프 스윙은 힘이 필요하지만 힘으로만 하는 운동이 아니다. 두 팔에 힘 빼고 부드럽게 클럽을 빵 던지는 스윙 습관을 가져야 한다. 반드시 양쪽 겨드랑을 붙이고 가슴 앞에 양팔을 모아 부드럽게 몸이 돌며 클럽을 어깨에 둘러메는 느낌으로 백스윙하며 탑에서 바이킹처럼 멈췄다가 왼발을 딛고 다운스윙, 이때 어깨, 팔, 손에 힘이 들어가 강한 샷을 하면 안 된다. 손목, 팔, 어깨에 힘 빼고 두 팔을 늘어뜨려 올바르게 셋업하고 헤드 무게를 느끼며 부드럽게 클럽을 잘 다루면 굿샷이 된다.

스윙 메커니즘, 코스 매니지먼트, 멘탈 관리

샷을 실수하는 큰 원인은 스윙 메커니즘을 모르고 코스 매니지먼트, 멘탈 관리를 바로 하지 못하기 때문이다. 좋은 샷은 거리 욕심을 버리고 부드럽고 간결하게 샷 하는 것이다. 샷은 그날의 컨디션에 따라 누구든지 잘되는 날이 있고 안되는 날이 있다. 샷이 안 된다고 샷 방법을 수시로 바꾸면 좋은 샷을 할 수 없다. 다른 샷은 틀린 샷이 아니다. 다를 뿐이지 더 좋은 샷일 수도 있다. 체력과 유연성이 떨어지는 골퍼라면 전략적으로 영리한 골프를 하라. 샷을 실수하는 원인을 알고 고쳐라.

• 샷을 실수하는 주요 원인

1) 에이밍이 잘못되고 샷의 집중력 부족해 실수
2) 그립을 잘못 잡고 어드레스 정렬을 잘못해
3) 클럽 선택을 잘못하고 강한 샷을 해 실수
4) 헤드 열림과 닫힘, 신중치 못한 백스윙을 해
5) 백스윙이 되다 말고 스윙 리듬템포가 안 맞아
6) 몸통회전이 덜 되고 팔 위주로 샷을 해 실수

7) 골반을 안 빼고 척추를 숙이지 않고 샷을 해
8) 왼쪽 골반이 빨리 열리며 임팩트를 해 실수
9) 클럽을 자신 있게 던지지 못하는 것이 실수
10) 공을 끝까지 안 보고 임팩트 하는 것이 실수
11) 상황에 맞는 셋업과 샷을 제대로 하지 못해
12) 강한 스윙으로 비거리 욕심을 내다 실수
13) 다운블로우 샷을 못하고 퍼 올리는 샷을 해
14) 난이도가 높은 코스에서 샷을 신중히 못 해
15) 멘탈 관리, 스윙 메커니즘, 코스 매니지먼트가 잘못 되는 것은 실수의 큰 원인이다.

드라이버 티샷 잘하는 방법

▲ 어깨너비 스탠스, 필요한 그립을 잡고, 핸드포워드 no, 머리는 공 뒤, 척추 숙이고 골반을 뒤로 빼고 공과 멀리 떨어져 선 느낌으로 오른쪽 어깨 팔에 힘 빼고 양팔을 늘어뜨려 가급적 뉴트럴 그립을 잡고 셋업

▲ 드라이버는 헤드페이스가 땅이 아닌 정면을 보며 백

스윙하고 골반이 돌고 몸통, 팔, 클럽이 같이 돌며 그립 끝이 공을 보며 다운스윙 한다.

▲ 몸통이 돌며 그립 잡은 왼손바닥을 누르며 코킹과 힌징하고 오른팔을 당겨 접고 쟁반을 받쳐 들듯 클럽을 받쳐 들고 5cm 더 크게 하는 백스윙, 그립 끝이 직선이 아닌 아치를 그리며 다운스윙을 하면 힘 빼고 툭 쳐도 헤드 스피드가 빨라지고 공이 멀리 간다.

▲ 왼쪽 골반이 돌고 몸통, 팔, 클럽이 같이 돌며 체중이동, 머리를 공 뒤에 두고 접은 오른쪽 팔꿈치를 옆구리에 붙이고 왼손을 왼쪽 무릎까지 내리는 래깅과 릴리즈, 왼손은 열고 오른손은 닫고 아래팔을 회전하며 클럽을 던지는 다운스윙을 한다.

▲ 코킹과 힌징을 풀어내는 손목의 힘, 오른팔을 접었다 힘 있게 뻗고 클럽을 던지는 힘, 지면반력과 체중이동 힘, 빠른 몸통회전의 힘이 더해져 비거리가 난다. 특히 하체를 잘 써야 비거리가 늘고 좋은 샷이 된다.

▲ 드라이브 티샷은 어퍼블로우(올려치는 각도)로 공을 쳐야 탄도가 높아지고 백스핀과 사이드스핀이 덜 걸려 비거리가 늘어난다.

우드 유틸 잘 치는 방법

▲ 척추를 숙이고 우측 어깨를 내려 클럽토우가 들리지 않도록 공 뒤에 놓고 왼쪽 어깨를 닫고 공은 중앙에서 공 하나 왼쪽, 핸드포워드 no, 체중 왼쪽 60%, 머리는 공 뒤에 두고 셋업

▲ 우드는 페이스가 좁아 정확성이 더 요구되는 클럽이다. 그립을 조금 짧게 잡고 헤드 바닥으로 공 밑을 쓸고 나가며 공을 정타로 맞히는 데 시선을 집중해 샷을 한다.

▲ 다운스윙하며 왼쪽 어깨가 올라가면 안 되며 왼발에 체중을 두고 머리와 시선 고정, 헤드 바닥으로 공 밑을 낮게 찍는 듯 힘 있게 눌러 치는 우드 유틸샷

▲ 공 위치는 중앙에서 공 하나 왼쪽, 낮고 길게 큰 아크를 그리는 스윙, 하지만 공 놓인 자리가 나쁠 때는 우드를 포기하고 다른 클럽을 선택한다.

▲ 손목과 상체에 힘 빼고 양쪽 겨드랑을 붙이고 몸통회전하고 그립 끝이 공을 보며 특히 좁은 헤드페이스에 공을 정타로 맞히는 우드샷 임팩트에 집중하라.

▲ 공 위치 살짝 왼쪽에 놓고 두 팔을 늘어뜨려 셋업, 5cm 더 크게 하는 백스윙, 공 밑을 찍는 듯 쓸고 나가며 정타를 치는 크고 작은 우드 펀치샷 연습

아이언 잘 치는 방법

▲ 양어깨 수평, 어깨너비로 스탠스, 골반 빼고 척추를 숙여 무게 중심 발 앞쪽, 타깃과 공과 페이스를 일자로 맞추고 체중 왼발, 핸드포워드하고 머리는 중앙 셋업

▲ 왼쪽 어깨를 밀고 그립 잡은 왼손바닥을 누르며 코킹과 힌징, 오른팔을 당겨 접고 백스윙 탑에서 딸깍 코킹 한 번 더 하며 멈추고 힘이 빠진 것을 느껴라.

▲ 왼발을 딛고 체중이동하며 골반, 몸통을 타깃 방향으로 밀고 돌며 돌을 던지듯 시원하게 클럽을 던져 공 앞의 땅을 치며 디봇을 내는 다운스윙을 한다.

▲ 왼발로 체중이동을 확실하게 하고 왼손을 왼쪽 무릎까지 끌고 오는 핸드퍼스트 래깅으로 뒤땅 탑핑이 없이 눌러 치는 임팩트에 집중하라.

▲ 어프로치는 공이 놓인 자리를 분석하고 클럽을 선택, 적합한 그립을 잡고 어떤 샷으로 어디에 공을 떨어트릴 것인지 랜딩 포인트를 잡고 어프로치 한다.

▲ 왼쪽 어깨를 떨어뜨리고 돌며 오른손 열고 왼손 닫고 백스윙, 오른쪽 어깨를 떨어뜨리고 돌며 오른손 닫고 왼손 열고 왼발에 체중을 싣고 부드럽게 다운스윙 하는 크고 작은 엘투엘 아이언샷 연습을 많이 하라.

실수를 줄이는 샷 전략

골프 스윙 연습의 목적은 실수를 줄이는 것이다. 스윙은 공을 치는 기본 틀이고 샷은 공을 치는 기술로 이해하면 된다. 스윙아크를 상상하며 클럽을 휘둘러라. 오른팔만 강하고 빠르면 뒤땅이나 탑핑이 난다. 왼팔을 당기며 오른팔을 뻗는 올바른 샷을 해야 한다.

▲ 초급자는 버디 욕심을 버리고 Par전략 구사

▲ 안정성 일관성 있는 영리한 플레이전략 구사

▲ 비거리가 짧아도 절대로 실수하지 않는 안전성 위주의 드라이버 티샷을 하고 위험성이 높은 코스는 끊어 가고 돌아가는 샷 전략을 구사하라.

▲ 공을 보낼 전후좌우를 살펴 보낼 곳을 정하여 샷을 하고 오르막 퍼팅을 남기는 샷을 하라.

▲ 먼 거리가 어프로치는 그린 중앙을 공략하고 짧은 거리 어프로치는 홀컵을 공략하는 전략

▲ 짧은 퍼팅은 홀컵에 넣는 데 집중하고 장거리 퍼팅은 홀컵에 붙이는 데 집중해 약간 빠르기로 팔로스루를 길게, 진자운동의 스트로크를 하라.

▲ 철저히 페어웨이를 지키고 온 그린 적중률을 높이는 아이언 웨지샷 능력을 높여라.

▲ 유연성과 체력이 안 되는 골퍼는 거리 욕심을 버리고 이기는 전략으로 큰 실수만 하지 말고 정확성을 요구하는 100m 미만의 어프로치 연습을 많이 하라.

▲ 강하고 힘이 들어간 부자연스러운 샷은 하면 안 되는 나쁜 지는 샷이고 부드럽고 간결한 자연스러운 샷은 익혀야 할 좋은 이기는 샷이다.

스윙 연습 혼자서도 잘해요

어떻게 하면 날아가는 클럽헤드 관성의 힘을 이용해 공을 잘 때릴 수 있을까? 팔과 어깨에 힘 빼고 두 팔을 늘어뜨려 셋업. ▲ 왼쪽 어깨, 왼팔은 밀고 오른쪽 어깨, 오른팔은 당기며 오른발을 딛고 상체를 꼬며 왼손은 닫고 오른손은 열고 클럽을 들어 올리는 백스윙. ▲ 팔과 어깨에 힘 빼고 왼발을 딛고 골반, 몸통을 타깃 방향으로 밀고 돌며 왼손은 열고 오른손은 닫고 아래팔을 회전하며 공을 낚아채는 임팩트를 한다.

팔, 상체에 힘 빼고 돌며 오른발로 체중이동, 왼손목을 위로 꺾는 코킹과 오른손목을 옆으로 꺾는 힌징을 하고 백스윙한다. 탑에서 힘이 빠진 것을 느끼고 반 템포 쉬고 다운스윙, 왼발로 체중이동하며 래깅하고 타깃 방향으로 몸, 팔, 클럽이 같이 돌며 헤드 무게로 또박또박 공을 때리고 팔로스루 피니시 한다. 체중이동은 몸이 크게 오른쪽 왼쪽으로 왔다 갔다 이동하는 것이 아니라 오른발 왼발로 살짝살짝 하체를 이동하는 것이다.

독학 골퍼 10타 줄이는 방법

아마추어는 왜 실수를 많이 할까? 욕심 때문이고 자만하기 때문이고 유혹에 빠지고 소심하기 때문이고 샷을 자주 바꾸고 멘탈 관리가 안 되기 때문이다. 아마추어는 거리 욕심을 내는 순간 큰 실수를 한다. 반드시 기본 원칙 스윙으로 정타를 쳐라. 다음 스윙 테크닉을 익히고 자신 있는 골프를 하라.

1) 골프는 멘탈, 마인드 컨트롤이 중요하다. 근심, 걱정, 자만, 유혹에 빠지지 말고 스윙 방법을 자주 바꾸고 다듬어지지 않은 샷을 하지 말라.
2) 가급적 뉴트럴 그립을 잡고 두 팔을 늘어뜨려 셋업하고 반드시 페어웨이를 지키는 샷을 하라. 드라이버 티샷을 부드럽게 하고 비거리 경쟁을 하지 말라.
3) 오른손을 열고 팔을 접는 백스윙과 탑에서 멈추고 힘 빼고 오른팔을 뻗고 오른손을 닫는 다운스윙을 하라.
4) 유연성이 떨어지는 골퍼는 한 클럽 크게 잡고 부드럽고 간결한 샷으로 내 거리를 만들고 러프, 벙커, 장애

물에 도전하지 말고 피해 가라.

5) 샷 능력이 부족하면 거리와 타수에 욕심내지 말고 페어웨이를 지키고 위험성이 높은 코스는 반드시 끊어 가고 돌아가라.

6) 고난도 코스에서는 자신 없는 클럽은 잡지 말고 정확성이 낮은 샷은 하지 말고 한 타 더 친다고 생각하라.

7) 공이 발보다 높고 낮음에 따라 그립을 짧거나 길게 잡는 것을 잊지 말라.

8) 헤드 열림과 닫힘을 확인해 셋업하고 페이스가 공을 보는 테이크어웨이 테이크백하며 정타에 집중하고 확률이 낮은 샷은 절대 하지 말라.

9) 팔과 상체에 힘 빼고 손목을 가볍게 사용, 백스윙과 다운스윙 팔로스루 크기가 같은 똑딱 어프로치를 하라.

10) 오른쪽 골반을 열며 회전 부드러운 백스윙을 하고 왼쪽 골반을 열며 회전 부드러운 다운스윙을 하라.

11) 뒤땅과 탑핑을 안 치려면 어드레스 정렬 때 체중 분배에 신경 써 셋업 하고 스윙하라.

12) 드라이버 티샷 탑핑을 안 치려면 스윙 최저점을 공 뒤로 해 올려치고, 아이언샷 탑핑을 안 치려면 최저

점을 공 앞으로 해 눌러 쳐라.

13) 드라이버 티샷 백스윙할 때는 헤드페이스가 정면을 보고 오른쪽 팔꿈치가 지면을 보고 아이언샷 백스윙할 때는 헤드페이스가 지면을 보고 오른쪽 팔꿈치가 살짝 들리는 것이 좋다.

14) 퍼팅 그립은 견고하게 잡고 셋업하고 자신감을 갖고 내리막은 부드럽게 오르막은 강하게 치는 강약의 퍼팅을 하라.

15) 스윙아크를 상상하며 자신 있게 스윙하라. 오른팔이 강하면 뒤땅 탑볼이 된다. 왼손은 열고 오른손은 닫고 아래팔을 회전, 힘 빼고 툭 부드럽게 정타를 쳐라.

골프 스윙 핵심 기본기 다지기 8가지

헤드 중앙에 공을 정타로 맞혀 에너지를 공에 잘 전달하여 비거리를 늘리는 스매시 팩터 효율을 높여라. 더 강하게 치는 것보다 더 효율적으로 치는 것이 중요하다. 클럽이 손안의 공이라고 생각하고 팔에 힘 빼고 시원하게 헤드를 던져야 정타가 되어 공이 멀리 똑바로 간다. 이는 변하지 않는 골프 스윙의 진리다.

1) 왼쪽 어깨를 떨어뜨리며 왼손은 닫고 오른손은 열고 접는 백스윙 연습, 오른쪽 어깨를 떨어뜨리며 왼손은 열고 오른손은 닫고 손목 로테이션을 통하여 헤드 끝을 던져 임팩트 연습
2) 몸이 살짝 돌며 손목을 가볍게 사용, 뒤땅과 탑핑이 없는 똑딱 어프로치 연습
3) 오른발로 체중이동하며 5cm 더 크게 하는 백스윙, 왼발로 체중이동하고 왼쪽 골반을 타깃 방향으로 밀고 돌며 정타를 치는 크고 작은 드라이버 티샷 연습
4) 공 위치 중앙에서 공 하나 왼쪽, 두 팔을 늘어뜨려 셋업, 큰 스윙아크의 백스윙, 공 밑을 찍는 듯 쓸고 나가며 정타를 치는 크고 작은 우드 펀치샷 연습
5) 왼쪽 어깨를 떨어뜨리며 백스윙하고 오른쪽 어깨를 떨어뜨리며 두 팔이 벌어지지 않도록 모아 왼발을 딛고 클럽을 휘둘러 임팩트, 릴리즈 하는 다운스윙 연습
6) 그립을 견고히 잡고 셋업, 자신감을 갖고 내리막은 부

드럽게 오르막은 강하게 때리는 강약의 퍼팅 연습

7) 임팩트 구간(오른쪽 허리에서 왼쪽 허리)에서 손목 코킹을 지렛대로 공을 낚아채는 임팩트 연습

8) 그립 쥔 왼손을 누르며 테이크백 코킹하는 백스윙과 양어깨가 돌며 왼쪽 골반을 타깃 방향으로 빠르게 밀고 돌며 클럽을 당기는 다운스윙을 잊지 않는다. 평소 자주 사용하는 클럽은 더 많은 연습을 한다.

맺는 글

이 글을 마치며 끝으로 하고 싶은 말은 책의 내용을 머리로만 이해하지 말고 몸으로 느낄 수 있어야 하며 골프 스코어에는 샷 능력 못지않게 멘탈이 중요하고 영리한 골프를 해야 한다는 점을 한 번 더 일러두고 싶다.

저자는 그간 여러 권의 책을 썼지만 이 도서를 마지막 유작으로 남긴다는 마음으로 공들여 이 글을 쓴 것은 사실이다. 스윙 동작을 이해하기 쉬운 글로 표현하는 어려움이 있었지만 긴 시간 고치고 다듬는 많은 정성을 들였다. 그래도 부족하고 아쉬운 마음은 여전히 남는다. 이 책을 통하여 골퍼들과 긍정으로 소통하고 골프 실력을 높이고 골프를 즐기는 골퍼들이 많아지기를 바라며 이 글을 맺는다. 감사합니다.

골프 스윙 기본기

초판 1쇄 발행 2026년 1월 27일

지은이 김동주
펴낸이 이기봉
편집 좋은땅 편집팀
펴낸곳 도서출판 좋은땅
주소 서울특별시 마포구 양화로12길 26 지월드빌딩 (서교동 395-7)
전화 02)374-8616~7
팩스 02)374-8614
이메일 gworldbook@naver.com
홈페이지 www.g-world.co.kr

ISBN 979-11-388-5362-0 (03690)